再不容易，都有意義

凱特王

推薦序

再也沒有人能逼我喜歡芭比，包含我自己

小時候我有過一個芭比娃娃，每到吃飯時間，我會放一些扮家家酒用的塑膠食物在她面前，在跟她說完「請吃飯」之後我才會坐去餐桌，我還用瓦楞紙為她剪了一個適中的長方形作為床，用衛生紙幫她做了枕頭與棉被，我把她放置在我的枕頭旁，每晚睡前我會確認幫她蓋好衛生紙被被才會入睡。

我看起來好愛這個芭比娃娃對嗎？事實是我怕到不行。上述我對她做的事情，全是來自於恐懼，我深怕如果我對她沒有做到一般人對待芭比娃娃該有的樣子的話，她會在我晚上睡著後讓我做惡夢，甚至向我索命。

我一點都不喜歡芭比娃娃，芭比娃娃仿真的模樣讓我非常害怕，但我必須假裝我好喜歡。

奇妙的是，芭比是我自己要求而來的，因為「女孩子都喜歡芭比」，而我是女孩子，而且是「可愛」的女孩子，所以我要喜歡芭比。然後是女生到了適婚年齡必須結婚，我要結婚，然後是結了婚之後必須生寶寶，所以我要當媽媽，然後的然後，還有很多很多。

懵懵懂懂、充滿矛盾。我不知道我是誰、我在做什麼，但他們說應該如何所以我就如何，於是當時我「疼愛芭比」。

花了將近三十年的時間，我終於看懂自己為什麼當時明明這麼害怕芭比卻仍主動要求擁有，甚至將她供奉在心上。在終於釐清的那一刻，我不僅看見自己是誰、我在做什麼，也在接觸到凱特的文章、書籍、Podcast 之後，在得以看見自己身為女性的盲點與無知，拋開社會對女性的期待所給予的框架，進而生出勇於形塑出「嚮往的自己」的力量與朝自己渴望邁進的堅定。

今年的我，亭亭玉立三十五歲，未婚。在去年已經不知道第幾次，被眾長輩用關愛的神情問到怎麼還不結婚之時，我用百無聊賴的神情以一句：「因為沒有人配得上我。」讓眾長輩們倒吸一口氣後嘴巴閉閉。能成為如此輕鬆地以帶點瘋狂的玩笑方式回應的我，用了將近三十年的時間。三十年聽似漫長，實則不然，只要能撥雲見日明朗地「看見」自己，那份醍醐灌頂的暢快感，讓自我探索的漫長時間都成了值得。

今年的我仍舊沒有成為一位母親的渴望，卻也因為知道所有的接受與拒絕皆是因著自己的真心，於是即便現階段的自己對成為母親不感興趣，也對自己「隨時會感興趣」的彈性充滿喜悅與期待。

我總覺得自己上輩子一定做對了什麼，所以這輩子有幸成為一名女性；我總覺得自己上輩子一定做對了很大很大的什麼，所以這輩子有幸遇見凱特。

再也沒有人能逼我喜歡芭比，包含我自己。能成為一位「我知道我是誰，我在做什麼，我想成為什麼」的美女子，太痛快了！

郭源元（最辣圖文創作者）

—作者序—

怎麼選都有遺憾，人生唯一的圓滿是遵從自己的心

寫完本書，彷彿對自己的前半生做了一次完整的回顧，人生節點上，所有和我相遇的人事物，皆對我產生或大或小的影響，這些影響讓我做出了某些選擇，最終造就了現在的自己。

身為女人，我的經歷可以是個案例，如同母輩們於我而言，也都是「相同的案例」。出於不願意複製她們命運的初衷，我企圖以更複雜刁鑽的態度去探索「生育、母親」這兩個對女人來說天經地義的話題。我不放過自己，也決不妥協，除非是自己想清楚。

這過程肯定不是舒服的，甚至有點痛苦、尖銳。我面對的是自己的膽怯與懦弱，自私與任性，卻從來沒有逃避過這個處境。也許是我不相信多數人遵從的那條路吧，因此想走走看自己的那條道，探尋看看沿路會不會有更美的風景，倘若沒有，我能不

能自己創造出來？

很多事情想太多，你就不會去做了。相信有人一定對你說過這句話，我也不例外。他們試圖用一種模擬兩可的態度去合理化某些其實需要深入思考的事情，尤其當這些事情足以影響一個女人的一生時，他們更害怕你多想，因為你一旦想深入了，可能真的就不會照他們的話去做了。

不照他們的話去做又如何呢？這可是我的人生啊！

過去，許許多多的讀者問我：「好害怕自己錯過最佳生育時間，但現在的我實在不想生孩子，自己的人生都還沒過足癮，有好多事想做，好多理想等待實現。如果是你會怎麼選？」

怎麼選都有遺憾，人生唯一的圓滿是遵從自己的心。

這本書，寫得就是我如何放棄糾結於選擇的遺憾，只一心一意遵從內心的過程。沒有完美答案的時候，對自己誠實，相信自己的決定，就是最正確的選擇，哪怕這麼做會讓身邊的人失望，也該義無反顧。

因此，「我這個案例」絕不是唯一解答，只是讓你看到「女人可以有不一樣的活法」，進而促使你去思考屬於自己的活法。與其說這本書在講生育，在討論生育對於女性生存的影響，不如說是在聊一個女人可以怎麼活，怎麼活才能既快樂又滿足。

曾經，我以為自己一輩子都不需要面對這個問題，看來，是我想錯了。人生之所以有意思，便在於它的無法預期。

目錄

Chapter 1

現在，我想要個孩子

Chapter 2

女人有子宮，卻沒有選擇？

目　錄

Chapter 3

再不容易，都有意義

Chapter 4

大齡生育的美麗與哀愁

Chapter 1

現在，我想要個孩子

年輕的我曾想過：

「如果可以一直戀愛幹嘛結婚？我也沒有要生小孩啊？」

如今，我卻想要一個孩子了，

是什麼樣的經歷與過程讓我改變了初衷？

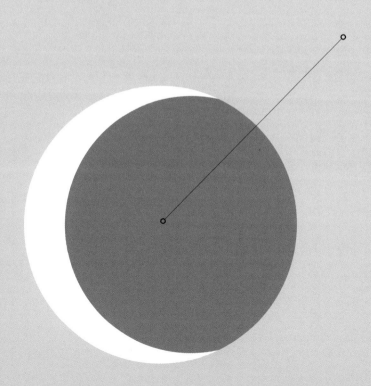

01

輕飄飄拋出去的初戀

初戀讓我明白，我是個自私的女人。與愛情相比，我更在乎自己。

初戀對你而言是什麼？白月光？硃砂痣？也許對某些人來說初戀是一段玫瑰色的記憶，偶而拿出來悼念青春，感慨時過境遷，物是人非。但對我，不是這樣的。至少每次想起初戀，我依舊會認為那是確認自己不會把結婚生子當做人生目標的開始。

他是我的同學，也是同時間追我的眾多男孩們其中之一。他追我的方式很特別，每天在我放學回家的路上某一個定點等待，就為了騎腳踏車經過交會的那瞬間看我一眼，然後目送我離去。他沒有遞過情書，也沒有開口跟我說話，卻用了守株待兔的笨方法引起我的好奇與注意。有人說，等待是最長情的告白，我懷疑他深諳人性。

那是十七歲時候的事，身邊所有男女同學都開始進入對異性產生濃厚興趣的「發情期」。每個人都像隻懵懵懂懂卻又蠢蠢欲動的小獸，著急著探索與自己不一樣的身體。我自然也想知道，當兩個人嘴唇碰在一起時是什麼感覺。

他長得挺不錯，成績中等，運動健將那類型，是校園裡容易招女生喜歡的典型帥哥。更因為寡言，所以添了幾分神祕感。但我後來才知道，他不是真的寡言，只是不太會說話，也不知道該聊什麼話題，所以才如此沉默。可是這份沉默卻成了女孩眼中的憂鬱氣質，並因此被深深吸引。可見得有時候愛上一個人靠得全是腦補，我們愛的可能是自己幻想中的那個人。

我已經忘記怎麼答應跟他交往的細節，我甚至忘記他有沒有因此露出欣喜，只記得我們約會去的地方不是電影院不是書店，而是一次次奔赴郊外的騎行。他喜歡大自然吧，我猜，還是只是單純喜歡騎車兜風，後頭有個妞可以緊緊環抱住他，貼著他的身體。

當時的我是個標準的文藝少女，喜歡文學、繪畫、電影、音樂、藝術。在一起之後我嘗試跟他分享自己正在看的書、聽的音樂以及自己畫的畫。他總是靜靜聽著然後點頭微笑，然後就沒有然後了。雖然我並沒有因此感到失落，卻自此明白，他不是能夠聊這些東西的人，於是，很多電影我只能一個人去看。

迄今，我仍感到當時的自己對他並沒有強烈的愛意，之所以成為初戀，也許只是因為他是那時眾多追求者中唯一讓我感到有興趣的人，這樣的偏愛是比較的結果。實際接觸之後，發現彼此的差距之大，我說的話他聽不懂，他聊的事我覺得沒意思。兩個人之間僅僅仰賴最原始的性吸引力來維持，或許也稱得上是一種愛情？

某次，我們談起未來。考上大學之後想做什麼？畢業之後想做什麼？有沒有想過自己想成為什麼樣的大人？

他說了一個我從來沒有想過也出乎意料的答案。他說：「我想考公務員，就在屏東吧，這裡挺好的，然後時間差不多了，就可以跟妳結婚生小孩，平平凡凡地過簡單的日子。」

我看著眼前那張充滿野性的臉龐，高聳的鼻樑，渾厚的嘴唇，細長而迷離的眼睛，側臉的弧線淩厲又囂張，但說出來的話竟然……這麼「娘」？有那麼一秒鐘我都快控制不住自己的表情了，但我依然很克制地說：「啊，就這樣？」

「是的，就這樣！」他堅定地回我，用他那充滿野性的臉龐朝著我溫柔一笑。

這段話對我衝擊之大，已經不是我喜歡文藝、他喜歡戶外活動這種差距了。我可沒想要這樣的未來，我這樣年輕，我想離開家鄉，我想看看最繁華的城市，我想出去闖闖。

後來，我用一封簡短的信跟他分手了，輕飄飄地把初戀從我手中拋了出去。信的內容寫什麼全忘了，無非就是些無關緊要的藉口吧。「你不會是我唯一的男人，我並不想結婚，我也不想生小孩」這些真正的心裡話，在十七、八歲的年紀也無法說出口。他希望的那些事不在我的想像中，也是我從來未曾考慮過的。

初戀給我上了人生第一堂愛情課——分手是一個人說了算的事，而真正的原因你可能永遠不會知道，因為對方不忍心告訴你。這是最後的溫柔，也是最後的體面。於是，往後無論是我甩別人還是別人甩我，都是痛痛快快、徹徹底底地結束，從不過問原因，從不拖泥帶水。

更重要的是，因為他，我第一次看見真實的自己——**比起被男人愛，想娶妳，想跟妳生孩子過一輩子，我更在乎自己的夢想有沒有被滿足，更在乎自己能飛到多遠的地方，看見哪些世界，完成哪些願望。**

結婚生子？哼，太耽誤我展翅高飛了。

／凱特謎之音／

分手是一個人說了算的事，

夫妻是可以分開的家人。

02

逃婚與結婚

一個人的婚姻是否幸福，
跟他過去的戀愛道德無關，
而是跟他決定走入婚姻的想法有關。
一個爲了結婚而結婚的人，即使在愛情中
從來沒有背叛過別人，也絕對不會幸福。

婚姻之所以沒有在我的人生規劃之中，最大原因還是因為我的母輩們。從我的奶奶、外婆、母親、姑姑、阿姨們的婚姻生活裡，我看不到任何「實質上的好處」，看到的是一連串無奈與妥協，體會的是她們身為女人的辛酸。

我從小就想著，如果不想複製她們的命運，我一定要離開家，有一份能養活自己的工作，甚至要擁有一個事業。絕對不是靠男人，靠嫁個有錢人以婚姻之路來翻身。

靠自己實現階級跨越是非常辛苦的路，卻也是最可靠的路，即使要忍受一些孤獨寂寞，我也認為值得。人的一生首先要為自己負責，才能進而去照顧身邊的人。因此，我畢業後即北上尋找工作，沒有一點遲疑，沒有一點膽怯。

至今，我依然認為走婚姻捷徑、企圖把過上好日子寄託於男性身上，是女性對自己的「偷懶」。我並非排斥婚姻，而是認為婚姻的基礎應該是平等互助關係，不是寄生關係。

二十二到三十歲這八年，我一直在不錯的公司擔任設計，跳槽過四次，每次都漲了不少薪水。透過轉換公司讓我明白自己的工作專業得到了市場的肯定，至少每間公司都願意用高於上一間公司的薪水聘請我。

說真的，這比談戀愛還更讓我開心。

當然這八年我的情感生活也沒閒著，二十七歲時交往了一個跟我同年紀的男友，還陪他度過了兩年多的事業草創期。在我倆即將迎來而立之年，他用賺來的錢買了車買了房，雙方父母見面吃飯，一步步為婚前做準備。

他確實是個有為青年，人品也很好，深得家人喜愛。如果以傳統眼光來看，他絕對是婆婆媽媽們大力誇讚表揚的好男人，我也知道嫁給他後絕對不會吃苦，會很穩定幸福。

但也就這樣了。

可是，婚姻真的就只是這樣嗎？我不認為，至少對我而言，婚姻不該只是這樣。

那時我有些職業倦怠，想換跑道。原本的設計工作在體制內持續發展，但我對自己五年後的位置感到不確定。我想轉行，於是跟他討論，他跟我說：「放心，妳就好好待在公司，這份工作很穩定，將來我們結婚，妳懷孕了也不用愁，還可以同時照顧孩子。」

聽到這番話我心情很灰很暗，眼前這個男人一點都不了解我，他骨子裡是傳統的，覺得男主外女主內，即使認為女人可以有一份工作，但這份工作並不是作為她個人的理想追求，而是替家裡賺一份薪水，最終還是要以家庭為重。

分手的種子自此在我心田種下，慢慢地發芽。

不久後我以劈腿的方式結束了這段感情，被當時所有身邊的人不解、埋怨、數落，但我覺得很慶幸。我慶幸自己沒有就這樣溫柔地走進那個良夜，沒有因為不想違背大家的期待就這樣欺騙自己走入婚姻。

三十歲這年我一切歸零，辭掉工作轉換新的跑道，搬了家，也重新開始一段新的感情。而立之年非但沒有立住，反而歸零重整。但是我並不害怕，心裡甚至有一點解脫後的爽感。

經過一年的努力耕耘，我順利轉換跑道成為了化妝造型師，賺入第一桶金，有了穩健並持續增長的業務。當初的劈腿對象成為了我的男友，小我三歲，也正值事業上升期。他得到一個去北京發展的機會，我鼓勵他去，因此展開了為期一年的遠距離戀愛。

分開期間我完全沒閒著，事業得到很好的發展，身邊也有幾個曖昧對象。我去北京找過他幾次，清楚明白他的未來在那兒，於是回到台北之後便想：「是該分手了，兩個人的世界會漸漸不同。」

結果當我提出分手時，他卻說：「我們結婚吧，妳過來北京，我會照顧妳的，妳想做什麼都可以，我都支持。」

逃婚加上過去豐富的戀愛經驗，讓我非常清楚，如果自己想步入婚姻必須具備什麼——不是房不是車，不是這個人的身家背景，而是跟他在一起我能不能繼續做我自己。

所有人都希望自己是無條件被愛著的，覺得那才叫做真愛。但在我認為，真愛並非一個人無條件愛著另外一個人、做他的避風港，而是一個人懂得另一個人為什麼要這樣做且全力支持他。因此，婚姻對我而言意謂著——沒有血緣關係的兩個人能夠達到多深的連結。

我們協議好婚後不要孩子，兩個人一起在北京發展各自的事業，相互扶持。婚禮辦的很簡單，沒有鑽戒也沒有婚紗照，我在批發市場買了一件簡單的婚紗，就這樣結婚了。

許多兩性雞湯會告訴你，維持兩人關係最關鍵的是三觀一致。結婚十六年，我想再補充一點，**如果步入婚姻的關鍵是三觀一致，那麼步入婚姻後的基礎就是你們「隨**

著社會歷練而改變的三觀」。

所謂的適婚年齡其實隱藏很多不確定性，例如，多數人都在二十五到三十五歲之間結婚，但二十五到四十歲這十五年也是人生變化最大的時間段，你極有可能成長為「與當初結婚時截然不同的一個人」。

你會如此，你的伴侶也會如此。因此，當兩個人的成長不同頻時，關係就很容易瓦解，出現危機。

常見到有人會問如何經營婚姻？這些答案不外乎「建立屬於兩人的儀式感」、「維持熱戀感或激情」、「要有共同朋友／興趣」……等等。

但經驗告訴我，以上這些都不是最重要的，婚姻的維繫往往不是流於表面的這些東西，至關重要的永遠是——兩個人望向同一個方向，一起成長。婚姻最大的傷害是一個人停止成長，成為依附。被依附的人會越來越累，覺得自己不被理解，而依附者則為了安全感的需求，成為了不停索取的怪物。

很多夫妻過成了室友或生活伴侶，同床異夢，是因為心靈成長的方向背道而馳，又或者其中一人已經停滯不前。他們無法對談，也無法在對方面前表露自己的恐懼或弱點，即便天天在一起，也是世界上最孤獨的兩個人。

這段關係可能沒有人犯錯，卻已經分崩離析。

婚後，才是人生變化最大的時段，如果你嫁給的是愛情，請記得共同參與彼此生命中大大小小的事，維繫步調的一致性，確保你們的心同頻共振。

無條件愛你的父母恐怕都做不到全力支持，做不到相信你、肯定你、理解你，做不到站在你的角度思考。夫妻卻是我目前為止唯一肯定能達到這種境界的關係，只要你們改變的方向一致，彼此有心去維繫，那就絕不會是遙不可及的事。

有貴人的恩情，有朋友的義氣，有情人的寵溺，有親人的不離不棄。接納對方的脆弱與不堪，也能夠向對方展現自己的脆弱與不堪。夫妻關係中很棒的、最讓我留戀的就是這些東西。要擁有這些，不是企圖找一個確保愛你愛到最後的人，這太不實際也有點天真，而是在最初因為三觀接近而走在一起成為夫妻的兩個人，把這段關係從夢幻的愛情抽離後，丟進俗世中持續接受考驗的過程與結果。婚姻更多是現實的總和，在現代社會它不僅要具備風花雪月的基礎，還要上升到柴米油鹽的價值，它與愛情的差別絕對不是僅僅那一張紙。

年輕的我曾想過：「如果可以一直戀愛幹嘛結婚？我也沒有要生小孩啊？」

但後來才明白，也許只有將愛情拎到婚姻的現實裡才有可能真正落實「執子之手，與子偕老」。在一個人可以過得很好的前提下，我們之所以想跟另一個人結婚、一起生活，是需要愛和勇氣的，因為未知的路，最是難行，也最能考驗出伴侶的質量。

而生小孩的前提，就是要先肯定伴侶的質量。

／凱特謎之音／

過份被美化的愛情
如同過份被醜化的婚姻，
都是不真實的誤導。

跟某人結婚時沒有拍婚紗照，禮服是我在批發市場買的，唯一的紀念照是宴客時在新娘休息室門口的合影。現在被我擺在家中，與父母結婚時的照片放在一起。

03

當好朋友有了孩子

我是朋友群裡目前唯一沒有孩子的大齡已婚人士。當她們紛紛有了母親的新身分時，我才意識到自己之所以對此不感興趣，是因爲眷戀自由。

直到現在我才意識到，自己身邊的好朋友們都生了小孩，即便或早或晚，卻真的都生了小孩。有些人沒有當母親不是因為生不出來，而是沒有機會生，不是沒男友就是沒結婚，只是，以我的立場也不方便問她們想不想要個孩子。

對小孩這件事，必須承認我很鈍感，至少在四十五歲之前我一直覺得這不關我的事。我不討厭小孩，也不討厭朋友們聊起媽媽經，甚至很多時候我聽得津津有味，覺得自己正在學習一種「新知識」，就像看國家地理頻道一樣，也許在生活中不一定用得上，但知道了這些也覺得自己增加了常識，沒什麼損失。

最早一批生孩子的朋友年齡大多落在三十歲上下，她們約莫趕在三十歲前結婚，過幾年就陸陸續續有了第一個孩子。這個年齡段也是我參加最多婚禮的時期，曾經在同一天裡，中午參加一場，晚上參加一場，就連我自己也是在三十二歲時結的婚。

婚禮之後，我的生活開始出現了彌月禮這種東西。有時是蛋糕，有時是餅乾。去月子中心探望則像走進了大觀園，一間比一間豪華，一間比一間氣派。有些為了隱私，不僅訪客有專門的電梯，就連月子餐都是坐著專屬電梯直達的，不會跟工作人員直接接觸。

探望時，除了紅包，我也會挑選一些寶寶的禮物，比如小襪子、小帽子、口水巾、毛毯這類小物。在台灣，當時還不流行舉辦 Baby shower，所以這些給寶寶的禮物大多還是去月子中心探望時順道送給剛生產完的媽媽們。

當第一個生小孩的好朋友抱著剛滿月不久的女兒跟我見面時，我內心所受到的震撼，至今依舊記憶猶新。我忽然發現，不久前才一同嘻嘻哈哈唱ＫＴＶ混夜店的朋友，已然成為一個新生命的負責人。她開啟了另一個我不了解的新篇章，邁向成熟，而我卻好似還留在青春期。

後來才發現，自己之所以覺得小孩不關我的事，是因為不想讓這件事成為束縛。新生命過於沉重，我實在不堪負荷。

這一點在後來休產假的朋友口中得到證實，她說：「好想回去上班喔！雖然我很愛我女兒，但是一天二十四小時跟她綑綁在一起，實在是喘不過氣來。」

有喘不過氣想暫時逃離的媽媽，也就有享受其中的媽媽。三個月的產假不夠，索性就把工作辭了回家專心帶小孩。她告訴我：「小孩的成長只有一次，我不想錯過這個時期。三年後等他可以上幼稚園，我再回去上班。」

雖然我感受不到她的快樂，卻可以體諒她的決定。如果有人就是不放心把孩子交給別人，即便把她留在工作崗位上也無濟於事，未必是一個更好的選擇。我雖贊成女性不該輕易為了孩子辭掉工作，卻也覺得鼓吹女性獨立不能忽略每個個體的私人考量。

如果一個女人不是為了逃避職場上的辛苦而逃回家庭，是衡量利弊之後自主選擇暫時回歸家庭，那麼也不必硬扣一個「妳這樣就不獨立」的帽子在她頭上。我時常感到現在的女性意識過於兩極化，不符合女性多樣面貌、多重角色的複雜性，如果這當中沒有轉圜的餘地，不僅人會活得特別死板，也無異於是對另外一種身分的歧視。

好朋友的兒子出世時，她因孩子體弱多病而暫離職場，回家專心照顧他。一開始是在急診室與公司來回切換，常常半夜跑急診，在醫院待了整宿，早上又直接從醫院趕去上班。雖然夫妻可以輪流照看，但長期下來兩人都疲憊不堪。於是他們做了一個決定，讓擅於廚藝的妻子辭職回家幫助孩子調理體質，養好身體，待兩、三歲穩定之後再回去上班。

這個決定讓他們家獲得了一個嶄新快樂的生活方式，孩子得到了周全的照顧，改善了過敏體質，身體漸漸強壯起來，再也不跑急診室了。兩年後她回到職場，又繼續了職業婦女忙碌的日子。她說：「幸好當時沒有堅持什麼女人絕對不能為了照顧孩子辭職的說法，否則真的就是苦了孩子，累了自己。」

我問她：「妳決定辭職時不害怕之後找不到好工作嗎？」

她回：「不害怕呀，我相信老天爺不會給我一個無法解決的難題，肯定都有解法的。」

我笑著說：「當媽媽的人都這麼樂觀嗎？」

她說：「我不知道別人怎麼樣，但我是這樣的，不樂觀根本當不了母親。」

這個朋友一直都是想結婚生子的那類人，有時我會默默佩服她有如此明確的意志，因為從我的角度出發，這是需要很大的勇氣才能做的事。

二〇一九年，我有兩個好朋友趕上高齡產婦的末班車陸續生了孩子。一個自然懷孕，一個透過試管。因為她們兩個人升格當了母親，我終於成為朋友群中唯一沒有孩子的已婚人士，唯一的「自由人」。

這些朋友媽媽們教會了我許多事情，我也從她們身上看見了女人成為母親的奇妙經歷與過程，但這些事情都不足以讓我也加入她們，成為一個母親。

過去總有人說「沒有孩子的女人是不完整的」，這句話在當下顯得非常政治不正確，已經沒有人會說、會信，但取而代之的可能是「沒有＿＿＿＿的女人是不完整的」，可以填入事業、愛情、自我……等詞彙。

但究竟為什麼要女人「完整」呢？不完整不行嗎？我覺得一個人只要能夠按照自己的想法去生活，去過自己想要的日子，那麼他就是完整的。

／凱特謎之音／

所有成為母親的女人，
都會懷念沒有孩子的生活，
但也許僅僅只是懷念。

04

抱歉，我還在路上

在適婚適孕的年紀，我背離賽道走了別的路。這個決定會經讓我感到無比慶幸。

當好朋友們紛紛結婚生子，紛紛上岸之後，唯獨我還在路上繼續奔跑。當時我做著一份挺自由的工作——化妝造型師，從台灣到北京，八年內隨著工作輾轉在國內外各個城市之中。

從平面設計到造型師，我算是轉職成功了，三十二歲結婚後來到北京，從零開始時我也不怎麼害怕，雖然經歷過一陣子的低潮期，但很快就有了轉機。如今回想起來，我甚至非常感謝自己當年做了這個決定，因為三十二到四十歲這八年，我獲得了從未有過的人生經歷。這些經歷在某種程度上重塑了我，翻轉了我的命運。

這期間，身邊的朋友們幾乎都把精力投注在孩子、家庭身上，只有我還在到處出差，即使結了婚卻過著跟單身沒兩樣的生活。我身處在影視娛樂時尚圈，天天穿梭在光鮮亮麗的舞台上，與各種專業人士打交道。老實說，這一部分滿足了我對虛榮的渴求，也滿足了我對慾望的野心。

這樣的快樂更讓我覺得如果像朋友們一樣生了孩子，就會錯失機會，心裡一邊慶幸著「還好我沒有生小孩」，一邊盡量克制自己的得意免得刺痛她們。

有一回，我休假回台灣約朋友見面，她說：「正好，陪我去接個小孩，回去丟給老公，我們就可以出去了。」我穿了一身時髦的新衣，拎著剛買的新包，踩著高跟鞋去找她，原以為她也會打扮，沒想到她卻是寬寬鬆鬆的衣服，背著大大的帆布包，穿著球鞋出現在我面前。我楞了一下，她說：「自從有了小孩我就放棄高跟鞋了，因為要常常追小孩。精緻的衣服也不太能穿，怕被他弄髒弄壞。」

這時我才明白，那些街拍中穿著高跟鞋一手抱娃一手拎包的女明星，都是不食人間煙火的表演。朋友說：「唉，都是這些女明星、女網紅製造了生育焦慮，導致很多產婦在臨盆前要先做好假睫毛，這樣才能在生產後的當下跟寶寶合拍美美的素顏照。產後迅速恢復少女身材也是，一個個啊，真的逼死人。」

不知道是不是我多想了，當自己穿得叮叮咚咚三八阿花出現在朋友面前時，恐怕也間接戳中了她的敏感帶？

但是妳上岸了啊！而我還在路上呢！還是不一樣的吧？我也只是在做自己罷了。可是我回頭又想：難道當了媽媽真的就意味著要放棄過去的自己嗎？那些做好睫毛、迅速恢復身材的女人，是不是不願放棄過去呢？不願放棄過去的女人在已經放棄過去的女人眼中是不是非常不上道呢？（說好的我們要一起上岸，妳卻自己彎道超車）

女人啊，總是不給其他女人一點活路。

後來，我跟這個朋友見面時依然不改自我本色，我會送她最流行的口紅，告訴她這個顏色現在很夯。隨著孩子漸漸長大，她也逐漸把高跟鞋跟漂亮衣服穿回來，如果不去想她有個小孩，我們依然是年輕時的我們。

只是……我們真的還是年輕時的我們嗎？

選擇當母親與不當母親也許從來就不應該成為女人割裂彼此關係的一道分界。法國存在主義家沙特說：「女人半是受害者，半是共犯，一如所有的人。」這句話被西蒙•波娃引用於自己的《第二性》中。我想，她想強調的，或說期望的，是有朝一日女性可以團結起來，至少在同性之間不再存在關於身分的鄙視鏈。

朋友說：「每次跟妳見面似乎都在提醒我——妳不是某某某的妻子，不是某某某的媽媽，妳有自己的名字，妳就是妳。」

是啊，無論妳的身分是女兒、妻子、還是母親，永遠不要忘記妳就是妳。

／凱特謎之音／

人生應該是一條自由賽道，
不是按部就班的進度條。

05

長達十五年的催生

女人只要結了婚，
免不了要面對生不生孩子的問題。
催生，可以說是所有已婚女人的夢魘之一。

結婚時我三十二歲，正是最適合懷孕的年齡。婚後，母親幾次跟我閒聊，都不忘暗暗提醒我：「生小孩吧，一個也可以。」

剛開始我總是裝傻不想聊這個話題，顧左右而言他。母親雖不至於窮追不捨，但最終還是選擇了開門見山，乾脆直接問我：「什麼時候生孩子呢？」

我說：「正在拼事業，不想生。」

母親：「是妳不想生，還是他不想生？」

我：「是我不想生，他也尊重我。」

我先生是家中獨子（就稱他為某人吧），上有一個姊姊，下有兩個妹妹，是我婆婆唯一的兒子。母親知道某人在家中的地位，於是問我：「妳不生孩子，婆家那邊真的可以？」

父親是長子，母親是長媳，生了我和妹妹三個女兒，小妹妹與我相差快六歲，主要原因就是因為被奶奶要求「生兒子」，於是才在連生兩個女兒之後，多年後又加碼懷孕，沒想到依然是個女兒。在他們那個年代，婚後生孩子是一種「義務」，更有甚者，希望多生兒子，少生女兒。

母親因為沒有生兒子在奶奶那裡受了委屈，因此得知我不想生時，自然也擔心起來，怕我在婆家「站不住腳」。她未必覺得人生必須要有小孩，只是怕婆家給我壓力，覺得生了小孩能給他們交代，往後的日子比較好過。

我要她放心，「我們兩人都商量好了，面對妳呢，我就說我不想生，面對我婆婆呢，他就會說是他不想生。」

各自去面對自己父母的催生問題，是我跟某人的共識。如此一來，既可以讓自己的父母閉嘴，也不會波及自己的丈夫、妻子。某人與婆婆之間的母子關係長期保持著一種「距離的美感」，他不愛跟自己的母親接觸，是因為從小總被情感勒索，長大後離家，摸索出一套與原生家庭相處的模式。他說：「非必要不見面，對彼此都好。」

我母親開明，某人則對自己的父母如此決絕，於是「催生」這件事對我而言從來就不是什麼太大的煩惱。表明立場之後，除了剛開始還會稍微勸說，卻也都逐漸沉默了，幾年過去，未曾再提及。

朋友聞此十分訝異，不敢相信雙方父母就這麼放過我們。我想，可能是因為我們兩人都屬於「很有自己想法與堅持的孩子」吧！家人們都知道干涉不了，也就自然降低了很多溝通的成本，這對婚姻來說實在重要，直到現在我都非常慶幸當初沒有看錯人，我要的就是一個在他家裡他自己說了算的那種男人。

然而，家裡的人雖然不催生了，但親戚們催啊！

逢年過節，我就要面對一堆近的遠的親戚們問：「還沒懷孕啊？要快喔，趁年輕趕緊生，這樣才有體力帶孩子。」

年復一年，每次見面總要關心一下我的進度，尤其當年紀比我小的表妹們都生了頭胎時，我就又會被推上風口浪尖：「妳看，比妳晚結婚的都生了，要加油啊！」

許多人面對親戚的催生會十分惱火，覺得「甘你屁事」，恨不得直接跟對方翻臉。我還好，我心態挺佛系的，也不解釋，就是笑笑地說：「好好好，是是是，對對對。」以柔克剛打太極，反正一年也就見這幾次面，實在沒必要跟他們計較或置氣。

出於好奇，我問了身邊生了孩子的人為什麼要生孩子，想知道大家各自的理由是什麼？有人說「因為婆婆要我生」、「老公想要孩子」、「生一個孩子夫妻的感情才會牢靠」、「結婚不就是要生小孩，不然結婚幹嘛」、「不小心懷孕了」……諸如此類讓我覺得離譜的答案。她們沒有自己的想法或意願，這一點讓我挺驚訝的。

只有少數的女人承認：「是因為我自己想要小孩。」

某人的妹妹喬二十六歲就英年早婚，婚後連續生了兩個小孩。喬非常清楚自己喜歡孩子，所以想生孩子，孩子生下來後用心地呵護與教育，把自己的小家打理的非常好。她告訴我很多懷孕時會遭遇的一些生理上的難題，比如她懷老二時，肚子很大，

他們一家人來北京找我們玩時的合影。

二〇二四年跨年在花蓮卻慘遇駕車拋錨，他們一家人送我去花蓮火車站。

某人的大妹妹喬毓一家住在花蓮，

一家四口都熱情好客。

她對孩子的教育與對家庭的規劃，

給了我不少靈感與方向，

是值得學習的「前輩」。

每天還要處理店裡的工作，有時不小心打了個噴嚏，就漏尿了。

因為對帶孩子的方法不同，她曾經跟婆婆起過衝突，她告訴我：「無論如何，都要堅持自己的方法，因為孩子是跟我們一起生活的，我們對孩子、對這個家的規矩更重要。」

喬的第二個孩子在兩歲時發現有語言遲緩障礙，當時拿到確認報告時，她哭了，那些淚水是對孩子未來的不確定性而流，也是因為心疼孩子而流，更是身為父母的一種歉疚。

但擦乾眼淚，她開始面對現實，遵照醫生指示陪伴孩子做復健，並研究了很多特教生的知識，一步一步幫孩子建立自信，學習如何張口說話，並且把話說清楚。現在孩子十一歲了，竟然自主報名去參加校內的演講比賽，還拿了獎回來。

喬是第一個跟我說「是因為我自己想要小孩」的人，不知道為什麼，這句話在我心中有很大的份量，我喜歡這句話裡堅定的意志，以及對自己的選擇負責的心態。**不是為了符合他人期待，不是因為其他模擬兩可的原因，只是因為「我想要」**。

如果有一天，我真的想生孩子了，也絕對是因為「我自己想要」。

／凱特謎之音／

對催生感到憤怒，
會不會是因為你自己
沒有堅強的意志面對這個問題？

06

奧斯托與四寶

因爲養了奧斯托，
我開始正視自己內心的恐懼。
牠也許是上天派來拯救我的天使。

二〇一二年，我們家正式收養了一隻貓。這隻貓打破了婚後只有兩個人的生態平衡，成為了我和某人生活中的一部分。

某人替牠取了一個俄羅斯名字，叫做「奧斯托・洛夫斯基」，第一次帶牠去醫院做體檢打預防針時，還堅持檔案上登記的名字要打全名。真想知道當時櫃檯人員是什麼表情，可能覺得這隻貓的主人很傻吧。而且貓是雌性的，卻取了一個男性化的名字。

奧斯托是某人拍廣告時的道具貓。那時的製片不知道哪裡弄來的這隻藍眼珠的小白貓，特別乖巧漂亮，可以坐著、趴著都不動，也不亂跑。據說也許不是買的，而是有個老奶奶養的，因為老奶奶身體不好了，怕自己比貓先走一步，所以把貓送了出去。

總之，奧斯托就這樣來到了廣告片場，成為了一隻道具貓。片子拍完後，某人跟製片說，如果這隻貓沒有人養，他可以收養。結果始終沒有等來製片的電話，以為這隻貓就由別人帶回去了。

一段時間之後，他又因為拍其他廣告回到那個片場，竟然發現那隻小白貓在片場流浪，而且跟當初完全「判若兩貓」。牠的頭頂因為感染而潰爛，耳朵也很多黑黑的耳蟎，全身上下髒兮兮的，被人踢過來趕過去。

他問了片場的工作人員有沒有人在養這隻小貓，一聽說沒有，當場二話不說帶牠走了。

一開始，某人沒把貓帶回家，而是放在自己的公司裡養。他知道我反對養寵物，怕我不能接受，於是偷偷養在公司。但終究是紙包不住火，加上他太想要回到家也能跟貓相處，於是就捅破了這層窗戶紙，跟我坦承並堅持要把貓帶回家裡。

我跟他大吵一架，鬧得不可開交，甚至說出了「有貓就沒有我」這種話。幾天之後，兩個人都冷靜下來，他問我為什麼這麼反對，我才跟他說：「因為牠是個生命，這讓我很害怕，因為只要養了牠，就代表我要對他負責任，我覺得自己沒辦法承受。」

他問：「為什麼妳會覺得自己沒法承受？」

我說：「因為我知道自己會投入很多很多感情，所以我要阻止自己這麼做。再來，我們兩個人都很忙，我更是經常出差，如果貓得不到完善的照顧，不如一開始就不要養。」

某人聽完，跟我保證會擔起照顧貓的所有責任，希望我不要擔心，並表示：「妳一定會很喜歡牠，因為牠跟我們很有緣分。」

就這樣，奧斯托來到我們家，用一種前所未有的姿態闖入了我的生命，打開了我的禁地。

奧斯托治療後，慢慢被我們養成一隻漂漂亮亮的小白貓，但流浪期間造成的一些不可逆的傷害，依舊有後遺症。比如牠幾乎沒有牙齒了，上下加起來只剩不到四顆牙。

根據牙齒的狀況，醫生判定奧斯托可能已經有七、八歲的年紀，這對於貓生來說已經是中年步入老年的開始。以及，牠是一隻雙耳全聾的貓。

因為沒有牙齒，吃的問題首先就要解決，牠沒有辦法咬，只能吞，加上腸胃道消化不好，經常便秘。有一次，我親眼目睹牠因為便秘用力過猛而暈倒在貓砂盆，簡直把我嚇壞了！緊急送醫並灌腸，才讓牠把所有積累的糞便清出。

於是我們把貓糧磨成粉，加點水和成泥，跟肉食罐頭混合在一起讓牠吃，然後餵牠益生菌，幫助消化，果然改善不少。但這樣的方式就變成必須人工餵牠吃飯，而無法採用定時器餵食貓糧了。從此，無論如何家裡都要有人做這件事，如果我們有事必須一起出門，就會弄好飯再出去，晚上也盡量趕回來餵牠吃飯。

後來，奧斯托就變成了一隻吃飯時需要有人陪在牠身邊，牠才會一口一口吃掉碗裡食物的貓。

奧斯托結束流浪被某人領回公司養的時候，
雖然已經採取治療，
依然清楚可見她頭頂與耳朵嚴重感染，
可憐兮兮的模樣。

養奧斯托確實挺麻煩的，也制約我們的生活，但比起牠帶給我們的快樂，失去的這些自由似乎也微不足道了起來。每天回家，牠總是在門口等著，開門瞬間就對我喵喵叫，過來蹭我，在腳邊鑽來鑽去。無論心情多糟，只要抱住牠，撫摸牠的身體，低潮的情緒就會瞬間少掉一半。我每天都會跟牠說話，而我從來就不是一個會自言自語的人。

某人對待奧斯托極有耐心，連處女座的重度潔癖都可以放棄，不僅讓奧斯托上床睡，連衣服沾滿貓毛都覺得是甜蜜的負荷。其實某人對貓毛嚴重過敏，好幾次引發氣喘，眼睛也曾紅腫痛癢，我說他是冒著生命危險養貓，他完全不以為意，忍著痛苦，繼續愛著奧斯托。

隨著奧斯托越來越老，牠的身體開始出現病痛。先是腫瘤，後來是腎衰竭，再來眼睛逐漸失明。奧斯托變成了一隻又聾又瞎的貓，僅靠嗅覺生活。牠可以靠著動物本能找到放食物的地方、上廁所的地方，但活動範圍卻越來越小了，最後變成了沙發、飯碗、貓砂盆三點一線。

我們內心有數，奧斯托時日無多了，也許再過一、兩年，牠就會離開。

二〇一九年我們沒有回台過春節，而是留在北京陪伴奧斯托。一家三口吃完除夕年夜飯，外頭開始飄起雪來。這時我還不知道這場雪是奧斯托離開前的序曲。

大年初一，奧斯托開始不吃東西，之前總有尿不在貓砂盆的情況，越來越嚴重。初二早上起來，我不見牠在沙發固定的位置上，著急地滿屋子找牠，結果在別屋的牆角躲著。這是第一次牠如此行為異常，讓我想起「動物知道自己死期將至，會找一處幽閉處躲起來」的傳說，內心極為不安。帶牠去醫院的時候，某人跟我說，也許該要問問過年期間有沒有寵物殯儀館還營業著。

初三早上，奧斯托在我懷裡嚥下最後一口氣，我們兩人抱頭痛哭。在寵物殯儀館幫牠做了告別儀式，火化之後，帶著牠的骨灰回家。自此的一個多月，某人經常在房間內偷偷哭泣，他對我說：「我們再養隻貓吧！」

此後，Aniki、妹妹、弟弟、么么陸續來到我們家，奧斯托過世後三年內，我們家多了四寶。兄弟姊妹加上我們兩夫妻，組成了一個家。失去奧斯托的痛漸漸被他們治癒，性格不同的牠們帶來了很多樂趣。

養一隻貓跟養四隻貓的負擔是不同的，但因為有過養奧斯托的經驗，我們並不覺

奧斯托後來變成
一隻可可愛愛的藍眼珠小白貓，
一點一點地融化了我。

得難。朋友知道家裡又多出四隻貓時很驚訝，跟我說：「妳知道我為何放棄生小孩了嗎？」

我回：「我不知道，也不好意思問。」

她說：「因為我養了狗。養了狗我才知道自己根本是一個毫無耐心的人，於是發現，之前想生小孩是因為老公、婆婆需要，但自己其實根本對生育一無所知。」

我不知道朋友說的這種情況到底有沒有關連性，但看見某人對奧斯托、四寶細心呵護的樣子，倒是讓我興起「也許他會是一個好爸爸」的念頭。

至於我，則是對生命又再次肅然起敬。

／凱特謎之音／

曾經反對養寵物的我被自己打臉了，
沒關係，我很享受這個過程。

家中目前四寶，左起順時鐘方向為：Aniki (大哥)、妹妹、弟弟、么么

Aniki 是緬因貓，妹妹是英短金漸層，弟弟是捲毛德文、么么是斯芬克司。

四寶既是家人也是寶貝，

更是我們的「孩子」。

07

一場疫情

一場疫情，
讓人體會到了生死，體會到了無常。
在被偷走的三年之中，
我卻做了一個前所未有的決定

二〇二〇年春節不久後，一場疫情殺得全世界措手不及。某人在中國封鎖之前，比我先行回到北京照顧四寶，我則是滯留台灣到了九月才與他們團聚。期間，還隔離了兩週。

疫情讓我們兩人深深感到一家人的重要性，我想，那時應該有不少人感受到了「末日」，能與愛的人相守，平安度過每一天就是一種幸福。

但是，隨著疫情進入日常期，卻開始讓人不適了。據說，因為居家隔離，居家辦公，太過密集的相處讓很多夫妻失和，家暴案件在疫情期間有增無減，甚至來到新高。加上很多孩子也居家上學，一家人一天二十四小時都在家裡待著，摩擦也容易產生。

美國影星休・傑克曼在疫情結束的二〇二三年宣布與結婚二十七年的妻子離婚，據說原因可能跟疫情期間兩人生活接觸過於密集有關。「因為相處太過緊密了」這個理由要是放在疫情前可能會覺得是在開玩笑，但經歷過疫情的夫妻們，也許每個人內心都有數。

我和某人真正聊起「孩子」正是在疫情期間。

某天，我滑著手機偷笑著，他問我笑什麼，我說：「我正在看ＩＧ上關注的一些國外時尚部落客，她們竟然不約而同都懷孕了。想必疫情期間沒有什麼活動可參加，通通趁機去造人。」

他於是接著我話說：「那妳想過我們有孩子嗎？」

我忽然感受到有點不尋常，視線從手機螢幕移開看著他：「你想要孩子啦？」

他說：「我也不知道這是一種什麼感覺，以前完全沒有辦法想像有孩子的生活，但是養了奧斯托和四寶之後，我忽然湧現了『如果我們有自己的孩子』這種想法。老實說，我想像不出來，但是我覺得我們現在的狀態似乎很適合有孩子。」

某人的想法跟我不謀而合，尤其是「我想像不出來，但是我覺得我們現在的狀態似乎很適合有孩子」這個念頭，完全就是我的心聲。

四十歲時，我結束了化妝造型工作，轉職做了全職的自媒體人。疫情前，每一至兩個月就會飛回台北一趟，主要工作業務都在台灣進行。疫情期間，我都在北京待著，雖然工作仍舊可以依靠網路執行，但少了往返兩地的航程後，我的生活忽然間變得平穩安定。

這可能是我近十年來最「居家」的日子，以前總是風風火火地不停在城市與城市之間切換，北京的家就像旅館一樣，待沒兩天就又因為有工作要飛走了。結果疫情期間我竟然天天掌廚做飯了，實在是有史以來最令人意想不到的時刻。

我跟某人說：「我們兩個人想到一塊兒去了，我也覺得現在的生活狀態很適合養育一個孩子。我們經濟穩定，思想也比過去都成熟，兩個人在溝通上沒有太多的分歧，對於家務的分配、責任的歸屬也都清楚，雙方相互配合的也不錯，疫情期間也沒有吵架……」說完我自己先笑了出來，某人也點點頭。

我無法確切地說是什麼時間點讓我有了這個念頭，也許不全然是因為疫情的關係，可能也跟收養了奧斯托與四寶有關。我開始正視除了自己以外的生命，對於自身與他人命運的結合不再抵觸，也不再感到麻煩。這種處於「接納」狀態的心境是從未有過的，不至於過多幻想有孩子的未來，但已經可以迎接他的到來。

以前，我確實很排斥身邊有「活物」的束縛，即使喜歡小動物也不養寵物，喜歡綠植也不想栽種。後來才慢慢了解自己其實是因為害怕肩負起生命這沉重的擔子，所以抗拒。奧斯托破除魔咒後，我開始在陽台種起植物花草，這是一件麻煩又花費心思的事，一旦做了就無法回頭。我不會說自己甘之如飴，但從中獲得很多快樂倒是真的。

初步確認彼此都有這個意願之後，我們開始深入地聊該怎麼執行。二〇二一年我四十五歲，已經是高齡產婦中的超高齡，這個歲數對女性的生育來說十分不友好，保險起見，我跟某人先去醫院做了一次全面的健檢，並著手開始備孕。

因為生育時間緊迫，我們沒有嘗試自然懷孕，而是選擇了直接做試管。正好身邊有朋友與我同齡，於前年產下一子，也是試管，於是諮詢了她，打聽了北京的醫院與醫生。關於試管療程，我和某人也一起詳細討論，把他跟我需要做的事情都了解清楚了才去執行。他首先是戒煙，而我則是改變作息與飲食，並戒酒。彼時，因為疫情，出入醫院非常不易且麻煩，像這種影響心情的小事兒我也做了些心理上的準備。

朋友問我，如果不是因為疫情你們開始經營家庭生活，會想要孩子嗎？

這個問題我實在答不上來，也許會，也許不會。如果生活沒有遇到極端的改變，似乎沒有理由去想另一種可能，所謂時機點或許就是華人最常說的「緣分」吧？

說一句「緣分到了」，做什麼都是合理的。

／凱特謎之音／

沒有早或晚，
最適合有孩子的時刻，
就是自己接納了自己的時候。

我以前對有生命的東西非常排斥，
卻在養了貓之後，進階開始養植物。
北京家的陽台被我設計成一個小溫室，
成為家裡的一道風景。

08

自私的決定

所有孩子的出生，
都是父母自私的決定。

和某人聊孩子時，我提到「所有孩子的出生，都是父母自私的決定」這個說法，問他怎麼想。他說，非常認同。

某人有個不幸福的原生家庭，從小到大從父母那裡感受到的都是對價關係，讓他非常痛苦。他花了一些時間認清這個事實，自此跟父母保持距離。他也曾經毫無保留地愛過自己的父母，卻被他們屢次傷害，最後才發現——他們不值得愛。

孩子會自然地愛自己的父母，但是父母未必會真心愛著孩子，尤其過去很多傳統父母，他們懷孕生子是因為沒有做好避孕措施，是因為結了婚必須生孩子傳宗接代。「是不是適合當父母」、「是不是真的想當父母」這件事，或許從來沒有認真考慮過。於是，當孩子出生，他們開始感覺自己的人生被剝奪，便企圖從孩子身上討回來，或者把這股怨氣直接撒在孩子身上。

「要不是生下你，我現在的日子會過得更好。」

「那你為什麼還要生下我？我又沒有要你把我生下來。」

孩子沒有選擇父母的權利，無法阻止父母不要生下他。不管父母為了什麼原因而生下他，往往都是「這麼做對自己有利」。有些人不小心懷孕了無法墮胎必須生下，有些人為了在婆家立足而生，有些人因為老公要求，有些人認為女人就必須生孩子，有些人則因為自己喜歡小孩所以生。

自己喜歡小孩也是一種自私的決定嗎？當然。

不管出於什麼理由，做父母的從來沒有機會問孩子：「你願意讓我們當你的父母嗎？」孩子無權選擇誰來當自己的父母這件事，對他來說也許是人生第一件不公平的事。

父母直覺認為孩子必然會視自己為父母，因為他的生命是由自己創造出來的。但或許事實並非如此，如果可以選擇父母，很多孩子並不希望被生出來，或者希望由自己來挑選父母（可惜這是不可能的事）。

之所以和某人討論這句話，是想釐清彼此是不是能做到當孩子有權選擇父母時，會願意選擇我們。換句話說就是先自我評量有沒有資格當父母。常聽人說「最可怕的是做父母不用考試」，為了不成為有毒的父母，我和他必須先幫自己考個試：

「如果是我做錯了，我願意跟孩子道歉。」

「盡量以引導或支持的作法對待他，而不是命令與強制。」

「幫助他，讓他學會獨立；關愛他，而不是寵愛他。」

「身教大於言教，要記得你在觀察孩子，孩子也在觀察你。」

「即使再生氣都不會對孩子說出侮辱性字眼，不會貶損他，傷害他的尊嚴。」

「每天都跟孩子說我愛你，讓他知道。」

「傾聽孩子的需求，了解他正在做的事情，陪伴他一起經歷。」

「當他努力做好一件事時，不吝嗇讚美並鼓勵他。」

我們開始模擬一些狀態，交換彼此的看法，有些是從自己的成長經歷中感受到的，有些則是未曾感受到卻希望當自己成為父母時能做到的。

畢竟，我們都曾經是個孩子。

某次，跟朋友們聊到「孩子幾歲帶他出國玩最合適」這個問題。有人說，上小學之前都不必帶他出國玩，反正他又不會記得。但其中有個人卻說：「想出國就可以帶著小孩一起去玩，不用管他幾歲，是不是會記得。因為這個回憶是你替自己創造的關於孩子的回憶，並不是你替孩子創造回憶給他。」

孩子不會記得，但你們會記得，這個回憶是屬於你們的。聽完這番話，我不禁在腦中與「所有孩子的出生，都是父母自私的決定」這句話連接起來。我們常常聽父母說「我是為了你」，其實所有的「為了你」往往都是「為了自己」。

只是，我贊同這位朋友的話，很多小時候發生的事情雖然我都不記得了，但每每只要母親說起，都可以感受到她對我深深的愛。可見得父母自私的決定未必不是一件好事，只要他能清楚地認知到「這是為了我自己」，而不把期待過分地強加於孩子身上。

因為結婚十五年都沒有生小孩，外來的壓力與閒言碎語也讓我深深感受到「生孩子」對已婚女性而言，或許也是一個「利己」行為。日本女性學專家上野千鶴子曾經跟閨蜜聊到：「不生孩子是利己主義，但生孩子也是利己主義。妳覺得哪種利己主義更利己？」

那位她眼中了不起的女人回答：「還用問嗎?·當然是生孩子更利己啊！」

對啊，同樣都是結了婚的女人，如果妳沒生孩子肯定會受到更多的「指責」。

在人生的前半場，我選擇了結婚但不生孩子，是因為還沒享受夠人生，還想衝刺事業，還想遊歷人間，還不想成為母親，我為了自己，力排眾議而不生孩子。人生的後半場，我卻因為某些理由開始萌生了「可以生個孩子」的念頭，這個念頭也是為了自我滿足，為了體驗另一種人生。

我啊，真是個自私的女人。

／凱特謎之音／

要先體悟到自己的自私，
才能夠對孩子做到放手。

09

面對現實

大齡求子，本就是一條逆襲之路，
如果沒有勇氣面對現實，
那麼前景堪憂。

得知我將以四十五歲高齡嘗試試管生子時，我收到以下的反應：

「年輕的時候不生，現在年紀大到都生不出來了才要生，妳何必啊？」

「等孩子出生妳都幾歲了，還帶得動嗎？」

「高齡產婦的風險很高，妳真的確定要冒險？」

「還是不要生了吧？夫妻倆人過日子更輕鬆。」

「做試管不一定會成功，到時候花了一大筆錢，還要活受罪。」

「妳之前堅持不生孩子是在幹嘛？後悔了嗎？」

這些話就像一根根直直射向我的箭，箭箭射中靶心。身邊有過生產育兒經驗的家人朋友道出了最殘酷的現實要我面對，更準確來說是，勸我放棄。

從催生到勸我不要生，其關鍵理由都是「年齡」。催生是因為年紀合適，要趕緊做這件事；勸我不要生則是因為太老了，負擔沉重。但從來沒有人想過這個女人為什麼該生的時候不生，不該生的時候偏偏想生，因為生育年齡不代表心智年齡，我必須承認，適合生育的時候，我的心智並不足以支撐我對一個未知的生命負責。而當我覺得自己夠成熟也願意負責了，卻是不那麼適合懷孕的年紀了。

這些現實問題，與其讓別人七嘴八舌地干擾你，都不如回頭跟自己的丈夫聊一聊。這是你們夫妻兩人的事，你們才是這個家庭核心的成員與隊友。如果連你們都談不攏，真的不要冒然懷孕。

決定試管前，和某人針對我的年齡討論過，我說：「大齡試管的失敗機率很高，你能接受最終沒有結果嗎？我們可以相互說說自己的預期，以及我們要做到什麼地步才肯放棄。」

我首先表明自己僅能接受試管，至於代孕或領養，則完全不考慮。因為我想體驗的是整個生育的過程，以及它後續所帶來的一切，並非只是「擁有一個孩子」。某人聽完，也說自己無法接受領養，他沒有心理準備去愛一個沒有血緣關係的人（寫出這些並非說領養不好，而是每個人有自己接受的底線）。

他問我，為何不想代孕？我說，因為目前代孕的機制遊走在法律與道德的邊緣，同樣身為女性，我不想另一個女性的子宮成為一個可以賺錢的工具，或說，他人賺錢的工具。我知道代理孕母解決了很多渴望孩子卻無法孕育生命的父母的問題，也在某種程度上解決了貧窮地區女性的經濟問題，但我沒有渴望孩子到如此程度，我能接受的底線就是透過試管，如果努力過後最終沒有結果，我也可以接受。

「所以，你能接受最終沒有孩子嗎？如果你覺得在你的人生中必須要有自己的孩子，那麼我們可以離婚，你還有機會找另一個合適的女人，生孩子組織家庭。」我拋出了一個尖銳的假設，醜話總是要說在前頭。

某人不假思索地回我：「我不僅希望有孩子，更希望那個孩子的母親是妳。因此，如果努力過後真的沒有，我們就接受這個事實吧！兩個人和四寶們繼續生活下去。」

這番話聽起來很動人，但我不由得想起朋友因為無法生育而與丈夫離婚的例子，後來前夫另娶，生了孩子傳宗接代。人是會改變的，對於這件事我接受開放式結局，但聽見這些話的當下，依然覺得非常甜蜜。

主要的共識達成後，我們又陸續討論了關於試管費用以及放棄的時間點等問題。因為女性所要付出的生育成本較高（尤其是生理、心理上這些無法量化的部分），於是所有費用包含坐月子中心的錢則由他來支付。預計放棄的時間點是四十九歲，即我滿五十歲之前。

二〇二一年我開始進入第一次試管療程，取卵八顆，全軍覆沒，一顆囊胚都沒有培養成功。這讓我意識到即使各項檢查的指數都沒有問題，但母體因年齡而逐漸下降的卵巢功能確實是存在的。於是，我展開了養卵計畫，從飲食、作息上著手，並開始遵照醫囑服用保健品。

雖然第一次的結果不盡如人意，但我依然有所斬獲——克服了打針的恐懼。過去，我是個很少出入醫院的人，連感冒都很少中鏢。因為一直都很健康，所以即使怕打針，也沒有什麼機會碰上。但開始做試管之後，立即面對的就是例行性抽血、打促排卵針。打促排卵針需要在家自己動手，看診時護理師會先示範一次，指導你如何操作，即便如此，我第一次幫自己打針時還是下不了手。

我捏起自己的肚皮，遲遲不敢戳下去，呼喚某人來幫我，他說他也不敢。好傢伙，臨陣脫逃，看來我這位獨立女性需要自立自強。深吸一口氣，快速地把針扎下去，然後拇指推壓針管，終於完成任務。之後幾次，我依然有點惶恐，但也逼著自己打完了，隨著次數越來越多，我不敢說已經熟練打針技巧，但至少不怕了。

因為去的是大醫院，總是很多人，加上疫情期間控管，所以監測排卵當天我都需要在五點半早起。某人不忍心我在零下的大冬天出門打車，往往會跟我一起起床，開車送我去。等待驗血報告的空檔，我們就去吃早餐，順便聊聊這期間的一些事，然後他再送我回醫院，才去上班。

北京朝陽醫院前的馬路，四月花季時會開滿美麗的泡桐花。

2022 年春天某日下午結束看診從醫院出來，按下手機快門紀念這一刻。

朋友們聽到我第一次試管的結果都感到惋惜，同時也很好奇為何我的心態這麼好？據他們說身邊的一些例子，妻子往往感到辛苦委屈，不僅心理壓力大，得失心強，生理部分也諸多不適。如果丈夫無法適時提供情緒價值，安撫體諒太太，不等試管成功，婚姻就岌岌可危。

每一對做試管的夫妻其目的與理由不盡相同，有些人是非得成功才能保住婚姻，在這個情況下，女方自然無法以平常心看待這件事。有些則是求子心切，接受不了失敗的結果，且容易自責，有些則是雙方家庭給的壓力，尤其來自於婆婆。。

我之所以心態好，除了完全沒有上述這些問題，最主要是打從心底接受這項任務可以失敗，並把這個過程當做人生經歷看待。如果成功，那再好不過；如果不成功，我和某人依然會繼續前進，繼續未來的生活。

現實是什麼就去面對，而且是兩個人一起面對。如此一來，才可能在接下來的道路上相互扶持，如此一來，生孩子才有意義。

／凱特謎之音／

夫妻倆人面對現實的態度
就是婚姻裡的試金石，
但凡有一方逃避，
情感就不可能和諧。

10

來報恩的母親

常聽說有「來報恩的孩子」，那麼，有來報恩的父母嗎？

因為從小性格獨立，讓父母很省心，長大後事業有成也算孝順，所以總被稱為「來報恩的孩子」。這樣的稱呼是從父母的立場出發，他們辛苦養大孩子，教育孩子，有恩於孩子，所以孩子知道反哺回報。

只是最近越來越有感，對孩子而言，「來報恩的父母」其實更加難得。如果孩子的降臨是恩賜，那麼父母孩子之間又怎麼會是單向的報答呢？

小菊於我，就是來報恩的母親。

父親早逝，小菊單親撫養我和妹妹們長大。身為長男的媳婦，我們自小就跟爺爺奶奶同住，換句話說，她除了養育我們，還要侍奉公婆。如此處境，放眼當今，無論落在哪個女人身上都是苦命的劇本。

小菊的A面是溫良恭儉讓的傳統婦女，B面則是獨當一面的現代女性。看著她的身影長大的我，沒有學會賢良淑德，倒是練就了一身獨立的本領。

我從小就愛美，每週的便服日，會要求小菊別綁馬尾，給我編辮子。我坐在椅子上，前面放一面立鏡，小菊如果把分線分歪了，我就會指點她。我想要的辮子，是從頭頂綁到髮尾的蜈蚣辮，很費時，但小菊手巧，編得又牢又漂亮。有天，小菊帶我們去修剪頭髮，她跟阿姨說，「剪短吧！反正過一年她就要上國中了。」然後告訴我，從短髮開始學怎麼自己整理頭髮，想要漂亮，以後都要自己弄。

國中制服是白襯衫加藍色百褶裙，為了可以每天穿摺線整整齊齊的裙子，我要小菊幫我燙裙子。她以前是裁縫，有個老師傅才用的專業熨斗，能把襯衫、西服燙得筆挺。

她先是幫我燙了一次，然後教我操作，一樣是那句話，想要漂亮，以後都要自己弄。

我手拙，不小心把裙腳燙出了洞，她補了補，叫我繼續穿。直到長了個子，才幫我換了一件新的。

小菊不是口頭上說「你就不能自己學會嗎？老是愛麻煩我」的那種媽媽，一邊嘮叨一邊又享受替孩子做牛做馬。她會教你，要你學會，然後放手讓你自己去解決問題。所以我從小學開始就會做家務，國中開始洗自己的衣服，這些生活技能不是為了幫她分擔，更多是學會怎麼對自己負責。

她從不要求我們學業要多麼出色，必須考多少分，但只要行為出現偏差，就會立刻糾正懲罰。她也不像其他同學的媽媽阻止小孩看漫畫，週末會帶著我們去漫畫出租店挑選喜歡的漫畫，她則是租本小說，然後母女四人在冰果室點兩碗水果冰，一盤黑輪，就著漫畫小說一起享受。她從來不說期待我們長大能做什麼，也從來不說要嫁個好男人這件事。小菊相信自己的孩子，尊重個體的發展，很久很久以後我才體會到這有多難得。

我參加推薦徵試，考上了一所頗為知名的美術私校。小菊半夜找我談話，像大人一樣地跟我商量，她說無法讓我念那所私校，因為賺的錢有限，我是大姊，必須考慮兩個妹妹將來也需要學費，美術學校太貴，供妳一個就等於要犧牲其他兩個。

她不激動也不怨天尤人，她只是相信我已經長大，能夠體諒並且和她一起承擔家庭的煩惱，即便如此，她還是留下眼淚跟我說了一聲「對不起」。

人生路上，會有幾個關鍵時刻逼迫你突然間了解現實是什麼，像一個開關「啪」的一聲打開後，你就再也不會懵懵懂懂。那一夜，那一聲對不起，就是我長大的開始。

我們母女四人從來沒有起過爭執，她總是能做到不偏袒任何一個孩子，並同時給予關愛呵護，陪伴我們成長，把時間花在我們身上，也同時保有自己的興趣與人際。在她溫暖細緻的愛裡長大，我們姊妹三人內心從來不會感到匱乏，反而有著滿滿的安全感。

這樣的安全感日後也體現在我的婚戀經驗中，我總是能大膽去愛也敢於放手。

二十歲之後，小菊已經不再參與我的任何決定。北上工作，我鮮少打電話回家，她對我的行蹤也從不追問。她要我們做到的不過就是照顧好自己，而她自己也是如此，照顧好自己，不讓我們分神擔憂。

母親小菊是我人生的第一個導師，這組照片是我們除了日常生活之外難得的寫真合影。

她從年輕時就懂得理財，管理保險，定期全身健康檢查。退休後，有自己的社交生活，每天忙忙碌碌之餘還抽空去老人健身房健身，和朋友打球。因為人緣極好，所以旅行的邀約總是很多。哪怕她這幾年才學會玩臉書，用 line 跟別人交流，卻也懂得適度，沒有沉迷於手機交友。

一些同年紀的朋友們多多少少有著父母年邁後越來越依賴他們的煩惱，行為舉止任性無比，俗稱「老番顛」。朋友的父親病了，天天哀號，卻始終不去看醫生，好不容易勸他去，回來竟不吃藥，說吃藥沒用就等死吧之類的話。無論怎麼哄也哄不好，把孩子們一個個都折騰得半死。

有些人更是從年輕開始，直到都快奔四、奔五了，還被父母糾纏著不放。天天奪命連環 call，什麼事情都要孩子聽他的建議，要孩子照他的話去做，一直霸佔孩子的人生舞台不肯退出。

聽了太多諸如此類的事之後，我忽感小菊如此「深明大意」，早早便開始布局，一步步退出我們姊妹的生活，她讓我們得到充分的自由，也等於讓自己解脫。於是，自由的我們與自由的母親，彼此之間的關係才能一直有點黏又不會太黏。

只是這位來報恩的母親，也曾給我帶來困惑，我一直有個心結，就是——我的母親實在是太好了，好到讓我懷疑如果有天換我當媽媽，能不能做到像她一樣？

她的愛像一座大山矗立在我面前，我時時刻刻仰望，擔心自己無法攻頂。

我跟某人說，如果當媽媽就是要像小菊那樣，難度好高，我辦不到。他安慰我說，對啊，她是天花板了，但是妳不用跟她比。**父母孩子相聚一場，重點是相互成就，不是比誰能做得更好**。

我點點頭，心想，我是來報恩的孩子，她是來報恩的母親，也許就已足夠。

／凱特謎之音／

母女一場，是一個女性
對另一個女性的「看見」。

我們三姊妹從小感情就好，
以母親小菊為首，
是母系社會家庭。
從媽媽到女兒，都獨立而自由。

Chapter 2

女人有子宮，卻沒有選擇？

人們慣於用宗教信仰、傳統教條來合理化這一侵略剝奪行爲，
並賦予母職神聖的包裝，讓女性以獻祭的情操，
自願拿出子宮作爲祭品。

這一切是如此地巧言令色。

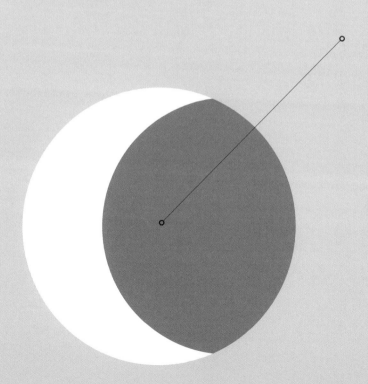

01

讓人又愛又恨的月經

它一直存在於我體內，卻始終不受控於我。
有時鮮紅的充滿囂張的生命力，
有時幽暗的流淌著生無可戀的氣息。

我有嚴重的痛經史，從初潮到現在四十八歲了，還是每個月都得痛一次。母親曾因此傷透腦筋，帶我去看中醫吃中藥調理，經期後給我做些麻油料理滋補，卻也不見起色。她一直不能理解或體會什麼是生理痛，因為她是女性裡少數從來不痛經，也沒有經期前後症候群的幸運兒。因此，當我十三歲第一次來月經，痛得無法起床去上學時，她才正式與經痛這位大魔王面對面。

她很擔心我，覺得這是病，得治。似乎女性只要婦科不好，連帶身體就會很虛弱。但偏偏我除了經痛之外，其他方面都十分健康。我是她的第一個女兒，也是她養孩子第一個觀察對象，她需要參照我這個樣本，才能更好地養好其他兩個女兒。結果妹妹們都跟她的體質類似，沒有經痛的現象。

我問母親：「月經一定都要來這麼多天嗎？好煩啊！」

母親說：「不是三、四天就結束了嗎？」

若我沒有開口問，恐怕母親不會知道有人的經期是可以持續一週才乾淨的，而我就是這類人。第一天、第二天要用長度二十六公分以上的衛生棉，且要勤換，否則量太多兜不住。第三天、第四天才能用二十三公分的日用型，第五天用十九公分的薄型長護墊，第六天、第七天才能用一般護墊。在晚安褲還沒出現前，生理期的夜晚總是在擔心側漏的情況下入眠，無法安穩踏實地睡著。

經痛加上經血量多，曾讓我在整個青春期裡對生理期深惡痛絕，甚至產生了「我討厭當女生」的幼稚想法。尤其當我知道同學中有人是季經體質，每三個月才來一次月經，每年只會來四次時，就別提有多麼羨慕了。四次跟十二次，這個等級區別不是一般大啊！

上學時，我最怕期中期末考遇上生理期。母親不讓我吃止痛藥，覺得忍一忍就好，反正只有第一天會不舒服。所以凡是大考遇上生理期我就會失常，可能有些人覺得這是藉口，但生理痛就是這麼折磨人的東西，它會讓你無法思考，無法集中精神與注意力。

成年之後，我決定放棄大人說「止痛藥是毒」的說法，每次生理期一來我就吞一顆，不然連腰都挺不直，更別說正常活動了。工作之後，止痛藥更成為我的必備處方，為的是不影響工作進度或行程。我開始把經痛視作一種慢性病，一個月發作一次，心平氣和地用止痛藥與之對抗，以求和平共處。

去日本旅行時，在藥妝店發現了基礎體溫計，從此天天量，一量十幾年不間斷，為的就是掌握自己的生理週期。什麼時候排卵、什麼時候月經來，一目了然。基礎體溫就是女性的身體密碼，科學得不能再科學。

在成長過程當中，月經似乎是個當眾不能言說的事，女性長輩們總以「來月事的女人是汙穢」的說法，要我們隱晦地、低調地度過生理期。同學朋友之間也都用「那個」、「小紅」、「大姨媽」的稱呼來替代。其中我最不能理解就是「大姨媽」，到底是從什麼時候、誰的口中流行起來的說法？考慮過現實中身為大姨媽的人的感受嗎？

於是，為了反抗這類似是而非的稱呼，我對誰都說「月經來了」，想斯文一點就用「現在是生理期」。目的很簡單，就是想讓身邊的人以及自己正視月經就是女性正常的生理現象。甚至，月經就是擁有生育力的一種象徵，是女性身體裡的一部分。

日本作家伊藤比呂美在其著作《閉經記》裡對月經有過一段描述，她說：「我根本沒覺得月經難受或麻煩，來的時候簡直像和老朋友重逢，更何況月經的勢頭啊，就和三十幾歲時一樣，嘩嘩猛。赤紅的血好似夜空中綻放的輝煌煙花，運動會上隨風飄揚的旗幟，完全是種喜慶。」

她寫的是一個五十五歲身處更年期的女性對於月經的想念與不捨，陪了自己大半輩子的月經，帶來了三個可愛的生命，如今要和它分手了，心中萬般不捨。我雖然還沒步入更年期，卻也默默遙想著這一天的到來，我也會對它依依不捨嗎？我也會因它的離去而深感青春不再嗎？還是慶幸自己終於從經痛中解脫，得到了快樂？

第五次試管失敗後，我決定尋中醫途徑調養身體，於是有了一次跟中醫師大聊特聊經血的經驗。中醫師是女醫師，也許是誘發我傾訴的原因之一。

她問我經血的顏色？暗紅至鮮紅都有。有無血塊？有。血塊多大？大約十元硬幣大小。第一天來時大約用掉多少衛生棉？幾天結束？痛經的情況形容一下？我跟她說不知道是不是因為年紀的關係，這一年發現自己的經血量逐漸減少，以前總要來一週才結束，但現在三、四天就排乾淨了，不過前兩天的量還是很多，倒是跟以前沒有差別。順道把自己一直都有測基礎體溫的習慣告知與她，她驚呼一聲，誇獎了我一下，要我把基礎體溫表傳給她看看。

「讓我們把子宮內膜養一養，經期前後的症候群也一併調整調整，頭痛、便秘、腹瀉、乳房漲痛等等症狀，都可以慢慢得到改善。」她把著脈，一邊跟我說。

此刻，我忘記了自己來找她的目的，只感到有人理解了我的月經，一起討論它的成色、狀態，一起討論它帶給身體的影響，它一直存在於我體內，卻始終不受控於我。有時鮮紅的充滿囂張的生命力，有時幽暗的流淌著生無可戀的氣息。

我必須承認很久以前我恨它，但現在，或許有點愛它了。

CHAPTER 2

101 — 100

／凱特謎之音／

月經這東西，
不想它來，又怕它不來，
怕它來早了，也怕它來晚了。

02

你的子宮不是你的子宮

當女人孕育生命的出發點
是爲了獲得他人認同時，
未來等著她的極有可能並不是幸福，
而是悲劇。

二〇一七年有一部美劇《使女的故事》，改編自加拿大作家瑪格麗特・愛特伍（Margaret Atwood）的同名小說，講述的是未來世界因為遭受汙染等原因，導致生育率下降，美國政府被基列共和國取代，成為新政府。主教領袖與他們的妻子成為階級的頂端，其他健康女性則被集中管理，並教育感化成為使女。這位使女最主要的功能就是幫助這一家人繁衍後代。

使女沒有行動自由，外出需要有人同行，並相互監視，周遭還佈有眼線，全程監控。每月一到排卵期就會舉行一場「儀式」，在儀式中使女平躺在女主人的雙腿之間，代替不孕的女主人與男主人行房，以便孕育新的生命。使女的存在完全就是一個「工具」，是這一家人擁有的「行走的子宮」，她的身體與孩子都不屬於她自己，而是歸屬於女主人和男主人。

這部劇雖以架空的反烏托邦科幻劇情為背景，卻被觀眾喻為「最能反應當今現況的恐怖故事」，因為劇中女性命運映照的正是我們當今生存的世界，討論的是關於生育自由、生育率降低、代孕機制、宗教規範、反墮胎……等等現實問題。

看這部劇時我不由得想起身邊一個真實案例，發生在我一個朋友身上。她長得漂亮，年輕時就很多人追她，經朋友介紹認識了一位新加坡富商家族後代，兩人戀愛不久便閃婚。婚後，婆婆要她在即將到來的猴年生下兒子，理由是「算命大師說猴年產子，可旺家族三代，對她先生更是錦上添花」。她那時正值事業上升期，卻在婆婆的命令下辭掉工作，全心備孕。明明很年輕，卻因為被指定要生出「猴年的兒子」而做試管，無法以自然懷孕的方式進行。

幸好這一切順利進行，雖然她在後期為了安胎臥床了三個多月，最終平安產下一子。因此，婆婆給了她一個大紅包，獎勵她為家族所做出的貢獻。

她婆婆的影像在我腦海中與《使女的故事》裡的女主人重疊，我彷彿看見朋友躺在婆婆的雙腿之間，在她嚴厲且無情的注視下進行了一場與她兒子毫無情感交流的交媾。她的子宮不是她的子宮，是這個家族繁衍後代的工具。她沒有自己的尊嚴、意識、想法、自由，從她走進這個家庭開始，就成為了他們的財產之一。

儘管如此，她給我的感覺是「絲毫沒有被剝奪什麼」，很自然地就接受了這個家族對她的安排，並認為這就是結婚後的責任與義務。當然，或許多少也跟她婚後不用工作、專心帶娃、成為他人眼中的貴婦有關。

你不能說她錯或傻，但這件事要是放我身上，我是絕對不會服從的。我能體會她想要維持這段婚姻關係，藉此在一個傳統的家庭裡立足，只是受到女性主義影響的我卻依然在某種程度上認定這是對女性生育自主權的侵略與剝奪。人們慣於用宗教信仰、傳統教條來合理化這一侵略剝奪行為，並賦予母職神聖的包裝，讓女性以獻祭的情操，自願拿出子宮作為祭品。

這一切是如此地巧言令色。

女性的身體似乎從來就不屬於她自己。從小我們被規勸要潔身自愛，目的是這樣更討人喜歡（更直白的話是「才會有人要妳」）。女性身體的完整性不是為自己保留的，是為了未來某個男人或其家族保留的，女人從小就被視作一個物品，不是一個「人」，她一旦有了私慾，有了想要為自己作主、反抗一切教條的想法，就會被斥責「妳怎麼這麼自私」。

與某人結婚後，因為他是家中獨子，我曾被某些長輩告誡要生個兒子延續香火，不能這麼自私，只顧自己快活。我沒有被這些話ＰＵＡ，但我發現諸如此類的言語對於自我意識感薄弱的女人來說具有絕對的影響力，她們真的會認為自己不給夫家生個孩子是大逆不道的事，加上婆婆的恐嚇威脅也害怕從此跟老公的情感生變。

於是，她自己便退居身後，把子宮移交給他人處置。這過程不需要任何刀槍棍棒的威脅，只需要誘之以情便可達到目的。當女人孕育生命的出發點是為了獲得他人認同時，未來等著她的極有可能並不是幸福，而是悲劇，因為生命的重量會在未來把她壓得喘不過氣，而當初要她生孩子的人都認為這是她自己要承擔的責任。

二〇二二美國最高法院推翻「羅訴韋德案」有關墮胎權的裁決，結束了近五十年來對墮胎的憲法保護。此事引起世界譁然，讓人再一次體會到女性的生育自由從來就不是一個天然地被賦予的人權。女人的子宮不歸自己所管，被政策、法律、宗教信仰所牽制，千百年來，一直如此。這時再回頭看《使女的故事》，倒是更像現代劇而非科幻片了。

／凱特謎之音／

台灣依現行《優生保健法施行細則》規定，懷孕二十四周內孕婦可因特定因素進行終止妊娠手術。二〇二四年，法國將墮胎權利寫入憲法，成為五十年來首個實現此舉的國家。

03

我的子宮用不用甘你什麼事

只有我自己想生孩子的時候，
生孩子這件事對我而言才有意義

中國演員秦嵐在一次訪談中提到：「很多人認為如果女人不生孩子，她的子宮是沒有用的。我說，我的子宮使不使用，跟你有關係嗎？」

這則發言在網路上發酵，自此變成一種反駁催生的流行語「我的子宮用不用甘你什麼事」。作為一名四十以上未婚未孕的女演員，她的現身說法給了很多女性勇氣。

至少我母輩那一代的人，是不可能公開討論這件事的，更別說駁斥了。

很多人也許不知道，台灣少子化的情況位居全球最高，換言之，全球生育率最低的國家就是台灣。根據行政院主計處調查顯示，二〇一九年未結婚男女人數比，只剩下高學歷女性與低學歷男性。不想將就的高學歷女性，會面臨即使想結婚也找不到對象的困境，因為結婚的人少了，新生兒自然也少。側面顯示：**女性教育程度越高，越會思考婚姻、生育帶給她們的價值、意義，如果結婚生子沒有帶來更好的生活，她們寧願自己一個人過**。

與其說不婚不孕成為一種趨勢，不如說「現代的女人更精明了」，結婚生孩子，孩子跟老公姓，萬一隊友不給力，自己還要承擔大部分的育兒責任，那麼在這段婚姻裡到底圖什麼呢？

「談戀愛就好了，結婚幹嘛？」在網路上常常看到這樣的言論，也是越來越多年輕女孩的心聲。在女性意識高漲，女性對於婚育自由的認定更偏向於「先滿足自己」的同時，我的子宮只關乎我自己的事情，只有我才有權談論，除此之外沒有人可以管我肚皮上的那點事兒。

朋友三十以上，檢查出子宮長了肌瘤，面積還挺大的，醫生建議切除。在評估術後風險時告知她也許將來會影響生育，如果未來想結婚，可以先試試看保守治療。她沒有考慮太久就回覆醫生希望可以動手術，問她為什麼，她說：「我不想為了將來不一定會發生的事情冒險，我的健康是更重要的事情。」

我問：「妳沒有跟男友說嗎？他怎麼想？」

朋友回：「我只告訴他有肌瘤必須切除，影響生育的可能性沒有說。一旦說了，他肯定不允許我做。但他只是男友，又不是老公，有什麼權利干涉我的決定呢？」

我默默地在內心點了個讚，也許這就是獨立女性的思考邏輯，成年之後一切交由自己負責，自己的感受、選擇、決定永遠擺在家人、男友、老公、孩子前面。

「更何況他是不是好隊友還不知道呢，我目前也沒有想跟他結婚的念頭，因此他的建議其實不重要。」朋友笑著說。

看著她，我忽然又想起「全球生育率最低的國家就是台灣」這件事，然後想到自己一直以來對生育保持的嚴肅態度，不由得噗哧一聲笑了出來。

難怪有人要說，當女人思考更多自己，懂得識別父權制的謊言，就越不容易走進婚姻，稀哩糊塗地去為老公或夫家生小孩。也許造物主賦予女性子宮就是想讓她掌握話語權，我們確實不該失語，或隨意讓渡這個權利。

在台灣，非婚生子女一樣可以報戶口，這一政策將生育與婚姻進一步解綁。選擇單身生育的女性漸漸多了起來，也不再被視作異類。

我曾在報導裡看到一些案例，四十以上的女性想要孩子，卻苦於沒有對象，於是在國外尋求合法的管道做了試管，生出了屬於自己的孩子，並獨立撫養他。她在訪問中表示：「社會是有偏見的，一個女人獨自生孩子好像是一件很可憐的事情，但我一點都不覺得，我感到很自在，很滿意。我這麼說不是鼓勵女性單身生子，而是鼓勵每個女性走自己想走的路。」

其中還有個案例是與男友分手後發現自己懷孕，因為想當母親於是生下孩子。她沒有選擇讓前男友知道，而是自己獨立撫養小孩。當婚姻不再是女性成為母親的唯一途徑，也許更能讓人思考「我之所以想當母親是不是出於自願」這個問題。

這也是我一直以來堅持的態度，只有我自己想生孩子的時候，生孩子這件事對我而言才有意義。說直白一點，唯有如此，我才會心甘情願以犧牲部分的自己為前提去愛這個孩子。

因為這世界上最幸福的事情之一，莫過於讓孩子在母親的愛裡成長。

／凱特謎之音／

妳可以選擇當一個母親，

也可以不當，

這是身為女人的自由。

04

受害者與共犯

女人之間的冤冤相報迎不來和解的一天。
母親與女兒，婆婆與媳婦，
她們之間的共同命運就是不斷重複
上一代帶給她們的迫害。

因為父親早逝，我和妹妹們可以說是成長於一個單親家庭，但母親的愛卻讓這個家非常溫暖和諧。這麼說吧，我們姊妹三人絲毫沒有任何原生家庭的問題，一路樂觀積極地長大成人。

在外結交了朋友，各自聊了家庭背景之後才發現，原來，不是所有人都跟我們一樣幸運，即使他們父母雙全，過得卻是充滿怨恨與無奈的生活。有個女性朋友對我說，從小到大母親都讓她感受到自己沒有弟弟來得重要，她跟弟弟得到的愛是不平等的，任何事情只要與弟弟有關，就要為他讓道。

在她母親自己的成長過程中，她也是最早被家庭犧牲的人。因為要供哥哥弟弟念書，於是剛成年的她就被要求出去工作，把賺來的錢一起貼補家用，也幫哥哥弟弟繳學費。結婚之後，她才算脫離了原生家庭帶給她的負荷，有了自己的一丁點自由，起碼工作賺來的錢可以進自己口袋了。

母親經常向她哭訴這一段委屈，埋怨外公外婆重男輕女，不僅沒有給她和哥哥弟弟同等的愛與照顧，還只犧牲她一個人。

「同樣身為女兒，當妳遭受到原生家庭不平等的待遇時，應該都會希望不要讓自己的女兒也遭遇到吧？可是我媽不是，她有了弟弟之後就忘記自己也曾是那個被遺忘的女兒了。她對我所做的一切，就是外婆的翻版。」朋友說。

跟朋友一起看《瘋狂亞洲富豪》，楊紫瓊所飾演的婆婆角色，所作所為都跟朋友的婆婆極為類似，於是我打趣地說：「如果有一天妳也成為婆婆了，會不會也變成這個樣子？各種嫌棄兒子的女朋友？」

她的夫家很有錢，生的也是兒子。嫁給他老公之前也被未來的婆婆「整」過。

我以為她會吊起嗓子大聲喊「絕對不會」，沒想到她沉思了一下，然後說：「也許吧，他的女朋友我一定還是會挑剔一下的。」

這段話讓我把想繼續開玩笑的情緒立馬壓了下來，覺得自己頗不識趣。

西蒙・波娃在《第二性》開卷引用過沙特的話：「女人半是受害者，半是共犯，一如所有的人。」她表示女性從未作為一個統一的利益集團團結起來，她們有的充當男權社會的同謀，有的是既得利益者，而在此之前呢，她們大多是受害者。

原以為受害者絕不會加諸同樣的傷害給予同性，但很多例子的結果卻是更加印證「既是受害者也是共犯」的說法。就這樣，女人之間的冤冤相報迎不來和解的一天。母親與女兒，婆婆與媳婦，她們之間的共同命運就是不斷重複上一代帶給她們的迫害。

我曾經問過母親：「沒有生兒子妳遺憾嗎？」

她說：「有什麼好遺憾的，生了兒子不見得就比較好。算命的說，女兒對我才好，生兒子的話，不但惹事，我還要給他做牛做馬。」

我的外婆是個強勢又頗有腦袋的女人，礙於生在那個窮困的年代，所以沒有念過書，不識字。她讓自己的女兒、兒子都上學，未曾因為貧窮而重男輕女。母親說，外公那時覺得女孩念到識字就好了，但外婆堅持不肯，對外公說：「我加飼幾隻雞仔、幾隻豬仔就會使予伊繼續讀冊，你毋通擋。」（我多養幾隻雞、幾隻豬就可以讓她繼續去唸書，你不要阻擋）

父親去世之後，有一段時間我特別害怕跟母親分開。暑假，母親帶我們回外婆家小住幾天，晚上讓外婆陪我們睡覺，她自己才得以放風跟兒時玩伴見面敘舊。我躺在床上翻來覆去不肯睡，外婆就叫我「緊睏」，我說「我要等媽媽回來才睡」。

外婆聽完嚴厲地說：「恁阿母嘛欲有家己的朋友，伊嘛欲歇喘，嘛欲迌迌，你要大漢啊，毋湯按呢一直黏恁阿母。」（妳媽媽也要有自己的朋友，她也要休息，也要玩，妳要長大，不能這樣一直黏著媽媽）

我當時不明白這段話的意思，只是把它記住，待我能理解這段話的含意時，已經是個能懂人情世故的大人了。我終於知道自己的母親之所以那麼好的原因何在，是因

外婆與母親。

照片為父親去母親家提親時合影。

前排左起依序是外婆、外公、爺爺、奶奶。後排為母親、父親。

母親與外婆的合影不多。圖為母親、我、外婆與表姊。

相較於寡言溫和的外公，外婆在我心中更有威嚴，小時候我很怕她（哈）。

長大後才明白，外婆的女性意識強烈，是個不簡單的人物。

為她也有一個洞燭先機、不在兒女身上重複悲慘命運的母親，而我和妹妹們就是「正循環」結果下最好的證明。

跟朋友討論起受害者與共犯這個問題時，她問我：「要終結有可能淪為共犯的命運，是不是只要不成為母親即可？」

我說：「更好的方法不應該是即使有機會成為母親，也不要淪為共犯嗎？」

「人往往會變成自己最不想成為的那種大人」是一個藉口，這句話掩飾了自己的懦弱、無能，企圖把錯誤的結局導向「都是他人的錯，不是我的錯」。但如果你有意識地想要校正，想去避免，以不成為那樣的人為目標去進行，那麼即使成為母親又如何？你一樣有機會終結淪為共犯的命運，因為你願意抵抗、反抗，更重要的是，因為你做出了改變。

女人這個群體之所以團結不起來，也許就是因為改變的人還不夠多。

／凱特謎之音／

但願妳跟我都是
那個願意改變的女人。

05

性真的自主了嗎？

女性的身體眞的是屬於她自己的嗎？
會不會很多時候妳自認爲身體是屬於自己的，
但是行爲上卻一直受到他人的影響或控制呢？

不久前，我在IG限時動態分享了一些關於生育、避孕、性自主的議題，談論了「避孕是女人自己的事」、「正視女性情慾需求」這些話題。從讀者的回饋中赫然發現，即使在開放的社會裡，依然存在很多傳統又古老的觀念，例如很多女生依然覺得避孕是男生單方面的事情。

怎麼會？當妳初潮來了月經，避孕就是妳該知道的事情，畢竟會意外懷孕的是妳，不是他。如果想要進行安全的性行為，不想染病，就更應該自己準備保險套以防萬一。

有位讀者問我：「凱特覺得現在的年輕人第一次性經驗會發生在什麼時候？對於未成年人發生性關係的想法是什麼？」

如今，國小五、六年級的女孩們私下也許就會討論性行為與保險套了，所以父母對孩子的性教育，尤其是女性，肯定需要在她初潮時就明明白白地說清楚，並指導她保護自己。告訴她「如果妳長大了，有戀愛經驗了，有性需求了，可以怎麼保護自己免於意外懷孕的可能」。

性不是屬於大人的，如果仔細觀察過小孩，他們有時會有無意識摩擦下體的動作，摩擦性器會給他們帶來快感。隨著他越來越成長，性需求會從無意識逐漸變成有意識。性慾一直都是正常的生理反應。

在女性意識抬頭的當今社會，有些女生會將開放的性行為等同於前衛，等同於這麼做才是新時代的女性，但仔細觀察卻發現很多人的性觀念其實錯誤百出。我的讀者中就有人出來自首，她去婦產科做例行檢查，醫生說她是不易受孕的體質。於是她跟男友在沒有任何保護措施下瘋狂做愛，結果意外懷孕了。

但，不易受孕不代表不會懷孕啊！怎麼會有人把這句話解讀成「可以不需要吃避孕藥、不戴保險套、不做任何防護措施呢？」結果真的就有，而且還滿多人的喔！

另有一位讀者說她有一位同事，常常開放地跟她大聊特聊自己的性事，而她自己因為母胎單身所以沒有任何性經驗，於是經常被對方嘲笑「妳真是太保守啦！」但這位作風看似大膽，可以把性事毫無遮攔跟身邊同事分享的女生，卻因為沒有做好防護措施，感染了性病，必須做治療，而且極有可能影響她未來的生育機能。

再說說發生最多的一個例子：女生在男友的要求下無套做愛而導致意外懷孕。這件事在女性群體中發生率之高，高到讓人錯以為來到封建時期，而男性誘導對方的說詞大概是：「我帶套沒感覺」、「反正是安全期，讓我內射一下」、「我可以快要高潮時拔出來射在外面，沒關係的」……等等。許多女生為了不破壞氣氛，又或者禁不起男友一再地央求而妥協，甚至有些男生會帶著些許惱怒的口氣埋怨：「我以前的女友都可以，為何妳就不行？」

哈哈哈，最後這句話真的讓人火大啊！但是偏偏很多女生會因為害怕拒絕男友而導致關係破裂，於是就硬著頭皮做了。做完之後內心不安，趕緊去買緊急避孕藥吃。最後傷害的依然是自己的身體，不是嗎？

上述這些例子，真讓人諸多感慨，當我們在談性自主或身體自主權時，很多女性其實對此一知半解，然後在一知半解的情況下發生性行為，許多結了婚的女性更是迫於家庭的壓力與期待，在自己還沒想清楚前就懷孕生子，因此產後憂鬱走不出來。

女性的身體真的是屬於她自己的嗎？會不會很多時候妳自認為身體是屬於自己的，但是行為上卻一直受到他人的影響或控制呢？

一九六〇年五月九日，世界上首批獲准銷售的避孕藥在美國生產上市，這一瓶棕色的小藥瓶叫做愛諾韋德（Enovid）。這瓶藥本來是用來治療婦科疾病，但卻能有效地抑制排卵。這一瓶藥徹底改變了生育的規律，也改變了女性的地位，讓女性得以因為有效避孕而掌握了對性、對自己身體的自主權，對世界而言無疑是投下了一枚震撼彈。

因為避孕藥的發明以及越來越普及的避孕方式，加上女性主義第二波浪潮在六〇年代崛起，提出解放女性身體的宣言與遊行在世界各地聲勢浩大了起來。這也許是千百年來，女性自己第一次從他人手中企圖奪回屬於自己的身體自主權。許多國家開始有人紛紛走上街頭要求通過墮胎合法化，美國是在一九七三年，羅訴韋德案之後立法通過墮胎合法，而法國，是在一九七五年通過了墮胎合法化，台灣則是一九八四年通過了《優生保健法》，被視為是「墮胎合法」的開始。

仔細回溯，墮胎合法化幾乎就是近代不久前的事情而已，女性的身體在五十幾年前都不完全屬於自己個人，很難想像吧？

避孕藥的發明、避孕方式的普及目的都是讓女性可以更自由更安全地享受性愛，性自主對女性來說是更重要的一件事，因為能掌控自己的身體，就是一個「權力」的象徵，這裡的權力不是 Right，而是指 Power。

一個主動掌握自己身體的女性，才是有 Power 的女性。

以下，想分享一位年輕讀者的親身經驗，經過他本人同意，我將原文列出，希望能夠啟發更多女性，讓妳明白主動了解自己的身體、掌握自己的身體，才是真正的性自主。

親愛的凱特，你好，

我很慶幸等到自己心理完全準備好、充分學習安全性行為的知識後，才真正發生性關係。高中至大學時期交往三任男友，都沒有發生性關係，第三任男友有提出想要發生關係，當時的我覺得自己還沒準備好，拒絕對方了，對方很尊重我。

分手後一直單身，直到今年我終於覺得自己心理層面準備好發生性關係，我想要享受性生活，查了很多資料，保險套材質、潤滑液成分、避孕藥副作用……等，最後，需要一個對象。

我問自己想要什麼樣的對象？我想要一個可以在床上尊重我的男人。

所以我透過對話中觀察對方的性平觀念好不好，來判定他能不能在床上尊重我。

最後我選了一個對象並主動邀約他，我提出我的要求：

1. 交換體檢報告
2. 接種 HPV 疫苗
3. 溝通避孕方式
4. 溝通性愛底線

經過這一切良好積極的溝通，我擁有一個完美的初夜，就如計畫那般，發生在我想要的時間、我想要的地點、我想要的對象、身穿我想要的內衣。

很慶幸自己在心中猶疑時，選擇遵從我的內心。驚喜的是，在我提出我的要求後，對方原來早就準備好體檢報告，也已接種ＨＰＶ疫苗，就算我不提也會主動提出，我心想，不愧是我選的人。

我始終相信，只要女人開始關注自身，她必定能破除傳統框架，活得更加舒展自由，在保護自己的前提下，擁有美妙的性愛經驗，並受到應有的尊重，這本來就是每個女人，或說每個人都應該享有的自由。

身為女人，我們可以不再成為性的客體，或淪為隨時都要擔心害怕懷孕的驚弓之鳥，而是成為自己身體的主人，真正的做到方方面面都對自己負責。

／凱特謎之音／

正視自己的情慾需求，
培養正確的性觀念，
進行一場安全的性行為，
性，才會美好。

06

每個女人都這樣？

不是每個女人都要過同一種生活。
如果有人因爲這些不假修飾、
血淋淋的例子而懼怕生孩子，
完全可以被接受，甚至是體諒。

有陣子，我熱衷於在網路上看各種孕婦分享的產前產後照片，她們有的曬出自己充滿妊娠紋的鬆垮肚皮，有的記錄自己懷胎十月臉上多出來的斑點變化，有的拍自己腫脹成「麵龜」的腳掌，有的對比了自己生產前後的髮量。

有些礙於尺度無法用影像呈現的，她們就用文字描述，像是乳頭被嬰兒吸允而變長、乳暈變大變黑彷彿胸前長了兩朵香菇。還有被乳腺炎困擾，乳頭被小嬰兒咬傷，膀胱脫垂等等的泣訴。

以上所述不過是冰山一角，每個女人產前產後千變萬化，就是不像女明星或名人那樣，馬上可以抱著剛出生的孩子亮相，光鮮亮麗的彷彿懷孕生孩子對她沒有造成任何影響。

二〇一三年，凱特王妃剖腹生下長子喬治幾個小時之後，就穿著一襲水藍色波點小洋裝抱著孩子與威廉王子一起接受媒體採訪拍照。這身裝扮是精挑細選過的，用以致敬當年威廉王子出生時，黛安娜王妃所穿的那件同樣也是波點的 Tiffany 藍連身裙。照片上的凱特王妃充滿喜悅沒有一絲疲憊，肚子還有明顯的隆起，被英國媒體讚譽「打破了女人產後必須完美的神話」。

認真的嗎？我看到新聞報導時內心只浮現「WTF」。

在社群平台上也算靠臉吃飯的我被朋友提醒：「妳以後可不要給我PO那種產後迅速恢復少女身材，或者接好睫毛去生產的照片，此風不可長，知道嗎？」她說這些話的時候我根本還不想生孩子，也許只是未雨稠繆吧，她知道我有偶包。

後來我問了也是剖腹產的朋友：「妳生產完當天可以下床嗎？」她回我，別開玩笑了，躺平都來不及了還下床。此語一出，真心覺得英國王室的女人不是普通人。剖腹產怎麼也算個手術吧，要一個剛手術過的人穿戴整齊，容光煥發接受大批媒體採訪，怎麼說呢？總感覺有點不太人道。但那可是英國王室啊，歷代的王妃、女王都是這樣過來的。

以前總聽長輩說「每個女人都這樣」這句話，一切不合理、有疑問的事情似乎只要後面加上「每個女人都這樣」，那麼一切就會變得合理。

為什麼要有月經啊，好麻煩喔！因為每個女人都這樣啊！

為什麼一定要結婚生孩子呢？因為每個女人都這樣啊！

為什麼要學做飯做家事呢？因為每個女人都這樣啊！

因為每個女人都是這樣過來的，所以不要廢話了，這麼做就對，不要問為什麼。

可是真的每個女人都這樣嗎？我們明明知道不是，明明知道同一件事放在不同人身上會有不一樣的選擇與結果，卻試圖用一種「別做跟大家不一樣的事情」的態度來調教女人。女人就該要有女人的樣子，這句話不知道會在一個女孩的成長過程中出現過多少次，每出現一次，對她就是一次的洗腦與規勸，就是要她放棄對自我的堅持與探尋。

當我看著網上那些產婦分享的照片，看著每個人承受著大小不同的生理折磨時，內心浮現的是——不是每個女人都要過同一種生活。如果有人因為這些不假修飾、血淋淋的例子而懼怕生孩子，完全可以被接受，甚至是體諒。不能輕飄飄地用一句「每個女人都是這樣過來的」去指責她不夠勇敢，沒膽承擔。**她有權選擇不經歷這樣的痛苦，有權為自己避開這種折磨，有權因此不想生小孩。**

過去，這些屬於女人最私人的秘密，被社會鼓吹的母性、母愛所掩蓋。女人應該要沉浸於孩子誕生的喜悅之中，以為人母感到驕傲，把自己正在經歷的痛苦掩埋起來，最好從此絕口不提。妳所能展現的只能是對孩子的愛，以及對他的犧牲與奉獻。

我們無法從母輩的經驗中得到幫助，她們不說，甚至粉飾，於是苦的就是一代又一代的女兒們。我們一無所知地重複她們的命運，像上了賊船，遇害時才知道自己落入了陷阱之中，可恨的是，還是我們自願上的賊船，只因「每個女人都是這樣過來的」。

開始做試管療程時我告訴自己，「如果到時太痛苦就放棄吧！」這是一條我可以隨時說不走就不走的路，只因它關乎我的身體，就該由我來決定。

／凱特謎之音／

不是每個女人都要過同一種生活，許多人走過的路，不一定就是正確的路。

07

母與女

女人與女人之間的親子關係如此微妙，
母與女之間怎麼對待彼此，
映照出來的其實是妳如何看待自己。

母親這個身分對我來說意義重大，因為我跟自己的母親關係很好。如果我有什麼值得被讚許的地方，都歸功於我的母親。她是老天給我和妹妹們最好的禮物，在父親早逝之後，生活沒有陷入困頓，反而擁有一個幸福美滿的原生家庭。沒有情緒勒索，沒有偏愛，沒有抱怨，沒有怨懟，是甜甜蜜蜜、相愛相親的母女關係。

以我自己身為女兒多年的經驗，加上觀察身邊一些朋友與她們母親之間的關係，以及她們自己生了小孩，她與女兒的關係之後，我得出了一個結論：

母女一場，是一個女性對另一個女性的「看見」。

母女是兩個女人對彼此身分的探索、理解、應證、實驗、認同或曲解。這個看見是雙向的，不僅僅是母親看女兒，女兒看母親，更是女人看女人。

在家族中，所有讓我敬佩的大人都是女性。從小看著我的母輩們長大，對她們心存感激，但如果讓我選擇，她們每一個人的生活我都不想複製，更不想經歷。她們都太慘了，在傳統的方式下過了長長的一生。我認可母親的偉大，但同時也很清楚地明白她幾乎是犧牲了自己所有的個人生活，才換得了我們健康快樂的成長。

妹妹跟我說過一件事。一次，我們回屏東老家帶母親出去吃飯閒逛，來到了青鳥書店，母親在很多書裡拿了一本叫做《後悔當媽媽》，妹妹看到覺得很有趣，就問她說：「妳後悔當媽媽嗎？」母親笑著搖搖頭：「我只是想知道其他人為什麼後悔。」

在母親心中，因為有三個孝順的女兒，所以即使辛苦，也從沒後悔過當媽媽這件事，可能還覺得自己很快樂很幸福。但我們的想法也許不是這樣，正因為知道她這個母親當得多麼辛苦，所以由衷地希望她可以後悔，因為即使她說後悔，我們也不會怪她。

好的母女關係永遠是建立在彼此看見彼此的基礎上，也建立在認同女人身分這個基礎上。想要女兒好，做母親的肯定要先認同自己，無論是自己的選擇還是命運的安排，都能夠無怨無悔，負責認真。

這也是母親給我最大的一個啟示。按常理，她的命有點不好，老公死於非命，很多人都說她剋夫。但她卻把一手爛牌打得還不錯，沒有因此自我放棄。受她影響，我從來不羨慕別人的出身，從小就能理性分析自己的優缺，把手中能發揮的東西盡量去發揮，不管面對什麼人都可以做到不卑不亢，有自己內心的一個平衡。

女人與女人之間的親子關係如此微妙，母與女之間怎麼對待彼此，映照出來的其實是你如何看待自己。相反的，如果一個母親沒有辦法走出自己的困局，也將必然影響女兒對自我、對女人身分的認知。身為女兒的人長大後要拚盡全力才能擺脫母親對自己人生的負面影響。

在《始於極限》這本書中，上野千鶴子教授告訴鈴木涼美：「最能犀利看穿母親『看似合理其實矛盾』的人是自己的女兒。但是，被這些矛盾捉弄的也是女兒。」

這句話怎麼解釋呢?例如，妳媽媽的婚姻生活其實並不如意，但她還是一直洗腦妳「女人要找個好男人結婚生子才完整」之類的老生常談。妳明明知道媽媽並不幸福，但偏偏又會被她的自圓其說給弄得很不耐煩，很矛盾。

很多女人明明也不覺得結婚有什麼好，但一過了三十歲，如果真的沒有男朋友沒有一個隨時好像可以步入禮堂的對象，也會默默地認為自己是不是很失敗。去探究背後的原因，她們幾乎都有一個婚姻不幸福卻拚命催婚的母親。

上野千鶴子在書中談到自己的母親，形容她太過軟弱沒有聲音，對女兒缺乏理解，也搞不清楚自己的人生。為了不活成母親的樣子，她踏上了研究與探索女性主義之路，並在社會學領域積極實驗。她說，母親給她的最大遺產就是讓她堅定地選擇了不結婚不生小孩。她說，女兒是母親最激烈的反抗者。即使不願承認，母親對她的影響還是在某種程度上左右了她的人生。

這何嘗不是一種女人與女人之間的看見。未必是溫柔或相互理解的愛，很多時候更像一把鋒利的刀，刺向了彼此。

有天，和某人一起晚餐，吃飯過程中我們聊到一個話題，他問我那時離開家的動力是什麼？

我沒有多想，就說：「不想過我母輩們的生活，從我的母親、奶奶、外婆、姑姑、阿姨們身上看到的生活，沒有一種是我想要的。所以當我畢業，可以開始工作的時候，就迫不及待離家，哪怕當時也不太明確自己的未來將何去何從，只知道如果不離開這裡是不會有答案的，而且不離開這裡，我的未來有可能就是另一個我媽媽或我姑姑、阿姨那樣。」

這是男性少有的體驗，他們通常會複製父輩們的軌跡，以繼承的方式，或者是以超越他們為目標，或者做完全不一樣的事情用來獲取他們的認同，但不管是什麼，他們依循的依舊是男性的生存法則。但女性不一樣，女性如果走了母輩們的路，很高機率會變成一個不快樂的人。因為我身邊所有媽媽、奶奶輩的人沒有一個是真正為自己活過，真正快樂過的。

曾經，有人問我過一個問題：「妳的女性意識是從什麼時候開始萌芽的？」

我想了想，也許就是從觀察自己的母親開始的吧。因此，如果整個社會的女性意識要有更高層次的突破，母女關係會是很關鍵的一環。

／凱特謎之音／

母親是每個女孩接觸的第一個女人，
和她一樣性別的第一個人。
她愛她，但也有可能最恨她。

08

名為母親的女人

承認吧！我們的社會對父親的要求極低，
對母親的要求
卻往往希望達到一種「聖人」的境界。

最近聽到一件令人遺憾的消息，一位不算熟悉的朋友因為產後憂鬱而自殺，留下了一對雙胞胎。雖然跟她只有過幾面之緣，並不算熟稔，卻也感到非常痛心。告訴我這個消息的朋友說，她當初並不想懷孕，卻抵不住丈夫跟婆家的要求，於是辛辛苦苦做了試管生下孩子。

丈夫希望她辭掉工作專心帶兩個小孩，婆婆也對她施加壓力，總是冷嘲熱諷地說「哪有媽媽這個樣子？做母親的就是要以孩子為優先」。當她發現自己餵奶時會不知不覺流下眼淚的時候，曾經找他的先生傾訴，懷疑自己得了產後憂鬱，希望可以去看看醫生，但丈夫只是安慰她「是妳太累、想太多」。

某天，當她忙完兩個孩子，告知先生準備去洗澡時，就這麼短短的時間，她轉向臥室的陽台，一躍而下，離開了這個世界。她的先生非常後悔自己輕忽了妻子的病情，為此懊惱不已。

「沒有母親不愛自己的小孩」、「做母親可以讓女人得到滿足」、「成為母親是偉大的、神聖的」、「母親是每個女人都要成為的角色」……關於母職的責任與義務，從小就開始以不同的聲音傳遞到每個女孩耳中，可是每個女孩長大後真的都想當媽媽嗎？

這是我一直以來的疑問。

電影《芭比》的開場，所有小女孩玩的娃娃是嬰兒，模擬的是媽媽照顧小孩的動作。我小時候也玩過這種嬰兒娃娃，嘴上有個奶嘴裝置，拔掉以後娃娃就會發出哭聲。我非常討厭這種娃娃，覺得是恐怖玩具。玩家家酒遊戲時，也不會選擇扮演媽媽的角色，對此，我從未有過嚮往，倒是想成為廣告中那些時髦張揚的都會女郎。

鄰居有個小孩，媽媽生下他不久後就離開家了，爸爸將他帶回奶奶家，由奶奶撫養。街坊們七嘴八舌議論著他的母親，說她歹毒、沒良心、不負責任，可憐的孩子好無辜，從小沒有媽媽。我身邊有幾個朋友，他們也都遭受過被媽媽遺棄的一段時間，長大後母親來找他們，開口要的就是錢。眼前這位從來沒有養過他們的陌生女子，回頭說一聲「我是你媽媽」，從此他們身上就多了個包袱。

國中同學十七歲時當了小媽媽，去探望的時候，她臉上夾雜著茫然與憂傷，完全沒有初為人母的喜悅，這神情深深印在我腦海，久久無法忘懷。當我們忙著探索精采未知的世界，談著一場又一場無疾而終的戀愛時，她一邊在奶瓶與尿布裡忙活，一邊回學校補課完成學業。她的青春嘎然而止，被迫成為一個與年齡不符的母親。許多年後我問她「甘心嗎？」她說「不甘心，但不得不」，因為當時唯一能做的就是把生活重心放在孩子身上，對他們負責。只是如果可以重來，她絕對不要當媽媽，她會用盡各種手段不讓自己懷孕。

我從她身上看到一位母親的矛盾心情，她肯定是愛孩子的，但是她又不想要孩子剝奪她本可以更自由精采的人生。我告訴她，妳做得很好，孩子們被妳培養成了優秀幸福的人，從現在開始妳可以過妳想要的生活了。

「但我也錯過跟你們這些同學最好的時光了」她說。

什麼是母性？母性是天然的嗎？母性像社會傳頌的那樣溫柔慈悲嗎？西蒙・波娃在《第二性》中提到：「母性是摻雜了自戀、利他、幻想、真誠、惡意欺罔、犧牲奉獻、與憤世嫉俗等正負兩面的奇特混合。」我挺認同的，在我認識的各式母親中，幾乎涵蓋了這些層面，她們確實同時有著正負兩面的矛盾特質，一邊愛孩子，一邊又抱怨孩子。她們有些懷著養了孩子就要從孩子身上得到某種回饋的心思，有些則是希望孩子按照自己規劃的路去走，或者把自己的夢想加諸孩子身上，希望他們替代她去完成。

承認吧！我們的社會對父親的要求極低，對母親的要求卻往往希望達到一種「聖人」的境界，要求她把孩子優先於自己，要求她凡事以孩子為重，若她不這樣做，整體輿論就會指責她。與其說她是名為母親的女人，倒不如說她是為孩子而存在，沒有自我的 no body。無論如何，她不能承認自己的煩惱來自於孩子，不能埋怨母親這個身分，她只能接受，而且還要欣然地接受、享受地接受才行。

表姊偷偷告訴我們，她那時曾經把正在哭鬧的孩子一把丟在床上。我們驚呼了一聲，卻又理解似地沒有說任何「妳怎麼可以這樣」的話。一群女人，生過孩子的，沒生過孩子的，彷彿都知道這個動作代表什麼。不是不愛孩子，是真的到了某個臨界點，如果沒有發洩出來，那麼下一個哭的就是自己。

「可是過幾分鐘後，我就馬上抱起來了喔。」表姊說。

／凱特謎之音／

不要鼓勵女人成為母親，
除非她自己願意。
否則，成為母親
也許是一場災難的開始。

09

沒有孩子的生活

或許，沒有孩子的生活
對夫妻而言才是眞正的考驗。

我身邊越來越多結了婚不打算生孩子的夫妻。有個說出來稍有年代感的詞是屬於這個族群的，叫做「頂客族」，現在很少人這樣稱呼，但只要一說出這個詞，大家還是能秒懂。

小妹跟妹夫就是頂客族，非常堅信且堅持不要孩子，這個結論在他們決定結婚時就已經達成共識，因此婚後無論怎麼被催生，兩人都無動於衷。老一輩的人認為一段婚姻中如果沒有孩子，會導致夫妻情感黏著度不高，孩子作為兩人之間的紐帶，可以避免家庭破碎。這說法儘管叫人嗤之以鼻，但一些過來人的經歷卻也側面證實了這個說法，有些人的婚姻之所以還能維持下去，多半是看在孩子的份上，而他們共同的想法可能是——如果沒有孩子，兩人早散了。

婚姻啊，有時就是這麼脆弱的東西。

於是，沒有孩子的生活，對想要永永遠遠在一起的夫妻而言，又何嘗不是另一種挑戰呢？如果沒有能長久維持下去的共同愛好或興趣，沒有貼合的三觀，沒有相互體諒包容的心胸，又如何能少年夫妻老來伴？或許，沒有孩子的生活對夫妻而言才是真正的考驗。

小妹和妹夫兩人結婚超過十年，小妹年紀大妹夫五歲，結婚時妹夫還不滿三十歲（想想可真年輕）。兩人從衣著造型到工作性質都相當「登對」，光是看他們的照片就知道這對夫妻平常可以「玩在一起」，絕對不是貌合神離。但我最喜歡的還是他們兩人在廚房的樣子，妹夫喜歡做菜，也做得一手好菜，下班後會一起去超市採買，然後回家做飯。妹夫掌廚，小妹就打打下手，然後在廚房一邊聊著今天發生的大小瑣事，一邊料理晚餐。

夫妻一定要能一起做尋常的家庭事務，因為這就是生活本身，時間日復一日，磨的就是那些瑣碎的、重複的事情。若能天天上演卻不覺得枯燥乏味，才有可能走下去。而他們能一起做的事情還包含願意配合對方「搞笑」，並且認真看待此事，不計形象。光是這個態度，就充分說明兩人之間的情感牢不可破。這種默契可以延伸至很多事情上，兩人相互配合，不分彼此，培養出革命夥伴的情誼。

寫這篇文的同一時間，他們正飛去菲律賓進行為期兩個月的英語進修。妹夫趁著結束上一份工作的空檔計畫了這趟旅程，小妹也追隨而去。這是沒有孩子的中年夫妻專屬的自在，只需要考慮兩個人的事情就可以了，無牽無掛。

我有一個好朋友，丈夫年長她十四歲。最初交往時遭到父母強烈反對，也沒有改變她想嫁給對方的決定。好不容易父母接納了，卻開始催她生孩子，理由是「老夫少妻，趁著還能生育，給自己生個孩子，以後才有人依靠」。

但是他們婚前就協議好不要孩子，覺得養兒根本不防老，不如趁早打點好晚年的退休生活更實在。由於兩人都是老師，一個到點退休，一個就提早退休，退休前把房貸都繳清，也存了錢，現在兩人已經過著退休生活，每天早上起床看股票，從股票那裡獲利後就把這筆錢花在旅行上，花光就回來，然後再買再賣，週而復始，所以一直都有旅遊基金，夫妻倆人更是彼此最好的旅伴。

她常跟我說：「這樣的生活難道不比生孩子香嗎？」我說：「是啊，看得我都羨慕了。」（這是真心話）

這位朋友和我同齡，她未滿五十歲就開始過退休生活，我卻來個急轉彎決定生孩子。同齡人不是已經養大孩子，正要放手，要不就是開始慢慢著手規劃自己的退休生活，而我的時間卻好像錯置了，放在社會時鐘上顯得格格不入。沒有孩子的婚姻生活我已經過了十六年，就算從此繼續下去也有把握過能過得好。在兩個人都能過得好的基礎上，如果再多一個孩子呢？關於這樣的生活，我跟某人是好奇的，有種躍躍欲試的心情。

去年，朋友好不容易把家裡的老二也送出國了，兩個兒子都在國外唸書，她也完成了某階段的任務。一時間，回到家只剩下她和先生兩人，莫名有點空虛。似乎，不管有沒有孩子，一對夫妻最終還是要回到「只有兩個人」的日子。細數這二十年間，

小妹與妹夫。

每次返回台北，我與他們同住幾週，

這對頂客夫妻很有意思，給我的生活增添很多樂趣。

小妹與妹夫。

夫妻倆人從外型上來看就知道是一路人，

照片分別是他們旅行與平時出行的穿著。

彼此生活裡充斥著各種跟孩子相關的事，但隨著孩子相繼離巢，夫妻生活慢慢浮出檯面，竟然有一種需要重新適應相處的生澀感，一時間令她哭笑不得。

「所以我們領養了一隻狗。」朋友說。

一隻萌寵取代了孩子，變成了她與丈夫之間新的橋樑，兩人分配遛狗時間，一個人負責早上，一個人負責晚上，回到家就有牠搖著尾巴熱烈迎接，就像上了潤滑劑，重新讓他們的關係在軌道上順暢地跑了起來。這種感覺對於有四隻貓的我來說，可真的太懂了。

日本著名的社會學家上野千鶴子教授的暢銷書《一個人的老後》指出：「無論結婚與否，最終大家都是一個人。」

我不知道有沒有孩子會不會影響一個人在暮年時的心境？會不會真的比較不會感到孤獨？雖然到最後大家都是一個人，但多少還是有些不同吧。

／凱特謎之音／

把沒有孩子的生活過好了，
才能更好地迎接有孩子的生活。

10

想要孩子，不要老公

女人如果想結婚，無論生不生孩子，挑男人的重點都該擺在「他是否夠資格做我孩子的父親」。

晚生孩子有個好處就是——這時你的身邊會有很多案例可供參考。在我的同齡人中，結婚生子的差不多都來到孩子快成年的時候了，她們經歷了育兒最難熬的一段時間，各個脫胎換骨成為了「教主」。

我經常詢問教主們一些問題，即使在問的當下我甚至都還沒決定生孩子，但對於那些育兒方面的知識也好，困難也罷，卻有著滿滿的好奇心。教主們大多會傾囊相授，或者說，她們也需要一個出口來發洩「媽媽經」，所以對我的請教，幾乎都是照單全收。

很多人可能會覺得是因為我不排斥生育所以才對媽媽經感興趣，其實不是，或者說恰恰相反。正因為我對「為人母」有著巨大的恐懼，所以才想知道那些奮不顧身投入育兒宇宙的女人她們的真實感受如何？我不想看網路上或書籍上的分享，我就想知道我身邊的人是怎麼做怎麼想的，她們遇到了哪些困難、又是怎麼解決的。

有個朋友，我們有段時間沒有見面，僅僅依靠臉書上的動態分享得知彼此的現況。再次聯繫見面時她已經是一個十歲男孩的媽媽。她是個很男孩子氣的女生，非常熱愛戶外活動，動作大喇喇，走起路來豪邁奔放，一直都留著短髮，不施脂粉，不穿裙子，性格獨立又自洽。過去她跟每個男生都處成哥兒們，我以為她並不憧憬婚姻，然而她卻結婚了，而且想生孩子。

她鉅細靡遺地跟我描述自己懷孕時的狀態，比如口味變了，她以前不喜歡甚至不吃的東西，在懷孕期間竟然都吃，反而愛吃的東西一點也不想碰；比如她胖了快二十公斤，彎腰剪不到自己的腳指甲，四肢浮腫，鞋子大了快兩個碼；比如原以為生產時要痛很久，結果她連麻醉都還來不及打，就把孩子生下來了。總之，她講得眉飛色舞，我聽得如痴如醉。

她是做好迎接孩子的心理準備才懷孕的，但是孩子生下來之後才發現自己的老公並非如此。之後，她開始漫長的獨自育兒時期，跟老公的關係也降至冰點。雖然懷孕前兩人針對孩子出生後的問題討論過，也達成過共識，但誰知，這男人慫了退縮了，覺得孩子出生後他失去了自由，開始用各種工作藉口來逃避育兒的責任。

在一次次爭吵之後，朋友決定自己承擔起所有的家庭工作，放棄了與丈夫的合作。她行動力極強，說到做到，一人身兼父母兩職，兒子跟她的感情非常緊密，她也從育兒的過程中得到相當大的滿足，覺得養孩子實在太有樂趣了，但兒子跟父親卻有點疏離。為了改善父子關係，她開始扮起嚴肅的黑臉角色，讓丈夫以緩和的白臉出現，才拉近了他與孩子的距離。雖然丈夫在她眼中仍舊算不上稱職的爸爸，但她也不過份奢求，夫妻情感因此回升不少。

即便如此，她還是語重心長地下了這麼一個結論：「告訴妳，走過這一遭我發現，孩子可以有，但老公可以不要。我當初就真的該『去夫留子』。」

說完，參與這次聊天的其他媽媽們都猛點頭，好一個「去夫留子」，真是說出大家的心聲了。倒是我苦笑了一下，心裡想：「天啊，妳們的丈夫到底有多沒用啊？」

聽過一個說法：女人如果想結婚，無論生不生孩子，挑男人的重點都該擺在「他是否夠資格做我孩子的父親」。用這個面向去篩選出來的對象有很大機率是優質老公。確實，很多男人適合談戀愛，但如果用「孩子的爸」這一標準來看很有可能完全不及格。就如同有人說「男人愛的是一種女人，娶進門的又是另一種女人」。女人卻往往要以身試法後才能領悟這個真諦——好情人不等於好爸爸。

近期，常聽到一個說法是「只篩選，不調教」。意思是說，不管找男友還是找老公，目標都是以不需要再教育的男人為主。這說法與朋友的「去夫留子」相映成趣，都有一種對男人已經放棄的心情，正所謂哀莫大於心死。

母輩們那一代的認知則完全背道而馳，她們早就知道男人不會改變，所以根本無所謂調教不調教，她們只是接受，並認為這就是女人的命運。我們這一代的男人也是，他們對成為爸爸總是後知後覺，因此生孩子變成一個賭注——賭你的老公是不是一個好爸爸。有個好聽的說法是「男人都是看到孩子之後才學會當一個父親的」，可是女人何嘗不是呢？我們也不是天生就是當母親的料。

「妳還想生二胎嗎？」我問朋友，就是說「去夫留子」的那位。

「我本來規劃是要生兩個小孩的，那是我的理想狀態。但是看到老公那副死樣子，我決定一個孩子就可以了。如果還想著生二胎，恐怕連性生活都沒了。」

她說完，我們都笑了，這一屆的男人啊，真的不太行。

／凱特謎之音／

因為有子宮，
女人可以孕育自己的孩子。
女人一旦受孕，
就不關男人什麼事了。

Chapter 3

再不容易，都有意義

工作，戀愛，結婚，生子，
女人只要遵循社會時鐘
完成一系列流程就能得到幸福嗎？
殊不知，這裡面全是隱藏的坑，等著妳摔。

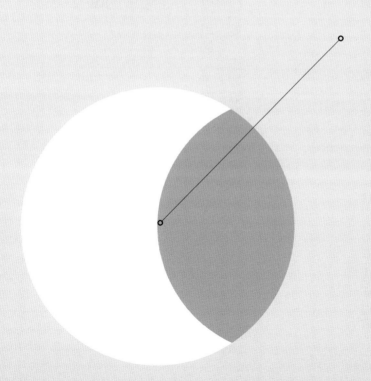

01

只會問女人的問題

面試時的婚戀調查問題，
有時更像是女性求職者對公司的「承諾」，
承諾自己不會因爲情感、婚姻、家庭等問題影響到工作，
就差沒有跪下來發誓了。

二〇二一年我正在預備做線上課程《獨立女性養成術》，其中有一章節是在談職場上的性別歧視，為了做一些調研，我問了幾個在不同產業的人事部工作的朋友，他們一致的回覆都是——當然存在性別歧視，只是用了更隱匿的作法而已。

其中有一位朋友說，我們都知道很早以前在招聘條件中已經不能寫「僅招男性」，因此收到的求職履歷肯定有男有女，公司也會請符合條件的人來面試，但在面試後如果男女的條件能力相當，甚至女性的要好一些，他們也會優先考慮男性。甚至有些主管會暗示我們，他只想要男生。

再來，就是起薪的些微差距，相同職等，男性一般比女性的薪酬要高一些，這也是某些公司人事部們裡沒有對外公開的祕密。

我問他們：「面試的時候，會不會有些問題只會針對女性來問？」

「當然！」幾乎每個人都這麼回答我，而這些問題不外乎：

「妳有男友嗎？是在外地還是本地呢？」

「有沒有打算幾年內結婚呢？」

「結婚後妳要如何平衡工作與家庭呢？」

「結婚幾年了？有沒有打算生小孩？」

「如果這份工作需要經常出差，妳的男友／老公會同意嗎？」

婚戀狀況，家庭、孩子以及年齡，已經變成女性求職中的隱形門檻，原因很簡單，在東亞社會中，由於傳統觀念和文化的影響，女性往往被賦予承擔更多家庭事務的角色，因此被認定勢必會降低他們在職場拚搏的意願。部分雇主可能會認為女性因為有家庭責任，在工作與家庭之間，往往會更傾向家庭，難以勝任工作，或者不能勝任具有挑戰性的職位。

因此，面試時的婚戀調查問題，有時更像是女性求職者對公司的「承諾」，承諾自己不會因為情感、婚姻、家庭等問題影響到工作，就差沒有跪下來發誓了。

朋友打趣地說：「現在的女人啊，想要找到一份好工作，最好就是資歷豐富但堅持不婚主義，或者是堅持不生小孩的頂客族。」

我想到有位讀者，她說自己曾經騙公司她沒有男友，在面試二十幾次之後，她終於拿下這份工作，而那次是她唯一一次沒有坦白說，因此她不得不合理懷疑「是因為沒有男友所以才讓她成功上岸」。

與女性不一樣，男性不需要隱瞞婚戀狀況，也少有公司會在面試時如此詳細地做「背景調查」。有些工作職位甚至得益於他們早就結婚有了孩子，公司認定這是一種「穩定」，會讓男性更加把專注力放在工作上。

同樣的事情發生在男性身上是「穩定」，發生在女性身上則是「不穩定」，說到底還是社會對男女的期待值不同所導致的，因此女性總要付出更多來證明自己不會因結婚生子而怠慢工作，才能擁有和男性相同的職位與薪水。

朋友在傳統產業公司上班，當初面試時有個問題令她印象深刻，面試官問她：「妳會泡茶或泡咖啡嗎？」她先是愣了一下沒回答，面試官於是再補了一句：「因為我們公司剛進來的新員工都要負責開會時泡茶或咖啡，所以我才會問這個問題，如果妳不會，可以跟前輩們請教一下。」

朋友為了得到這個工作，大聲說「我會！」後來才知道，同樣是新進員工，男生就不需要負責泡茶或咖啡。她覺得太不公平了，但因為剛入職，人微言輕，無法改變什麼。七、八年後她當上課長，立刻決定改變「陋習」，要求所有人自己的飲料自己負責。

我想，所有女人應該會對那些「只會問女人的問題」感到尷尬與氣憤，這些問題不僅涉及隱私，更多是有一種當眾被羞辱的感覺。那些人與妳素昧平生，卻要求妳對自己的情感狀態如實交待，也許連父母都不敢如此明目張膽地質問妳，妳卻必須在求得一份工作時被迫全盤托出。
這是女性集體的悲哀。

／凱特謎之音／

如果可以，
我想對問那些問題的人說，
「甘你屁事！」

02

懷孕讓我沒了工作

以爲懷孕是人生新的開始，
卻沒想到最先面臨的是失業的問題。

某人的員工懷孕滿三個月後遵守規定前來告知，兩人就未來懷孕期間的工作調度討論商量，他說如果舟車勞頓影響身體，可以在家上班，每週開例會時來公司出席即可，也更便於產檢需求。這期間非但不會減薪，產假與育嬰假薪水照付。員工滿意地表示，回家與丈夫商量看看，沒想到隔天卻收到她的離職信，原因是——婆婆要我在家待產。

某人一臉疑惑：「妳們獨立女性不是一直強調經濟獨立才有底氣嗎？怎麼一懷孕，老公、婆婆要妳回家待產就真的辭職不幹了呢？」

我首先對他的處理方式表示讚許，能體恤懷孕婦女的公司是一間優質公司。接著才跟他解釋：「女性在職懷孕本來就會面臨多方壓力，來自家庭的壓力是一種，而且往往很難拒絕。因為丈夫會誘之以情，而婆婆則會變相ＰＵＡ妳。因此，有些女人可能無法承擔起『萬一有什麼差錯該如何交待』，也怕這過程有任何閃失都會被怪罪『還不是因為妳堅持上班』，所以她最後決定離職，我一點也不意外。」

有些女人也會想，反正孩子大一點了再去上班不也一樣？其實有很大的不一樣，因為妳未必能拿到跟之前同級的職位與薪水，很多人懷孕後兩三年回到職場都得打掉重練，懷孕前期的投入變成沉沒成本，只能自己吸收。

性別工作平等法在台灣已執行多年，但職場中的「懷孕歧視」依然層出不窮。據調查顯示，所有違反性平法的案件中，以懷孕歧視為最大宗，近期最著名的事件就是「廣達電腦霸凌孕婦案」。

三十一歲于姓女子在桃園市廣達電腦擔任業務管理師三年多，二〇一九年六月因懷孕七個月身體不適，被醫生診斷疑子宮收縮造成破水，要她到院安胎，於是向公司請假安胎休養，接著又請了產假，總計約五個月未在職。於是，公司主管將她的下半年年度考績評為最低的丙等，她覺得不公，向勞動局提出申訴。

調查期間，廣達電腦向她提出六十萬元和解費，並要求她即刻離職，附帶撤告及簽署保密條款。她認為尊嚴再次遭到踐踏，拒絕妥協。審議結果出爐，廣達電腦因違反性平法，罰款兩萬元並限期改善。

于姓女子接受訪問表示：「每個懷孕的職業婦女都應該了解自己的權益，不應該被這樣對待。職業婦女懷孕生子很辛苦，不應該再承受有可能被開除的不平等對待，政府對違法企業的懲罰太輕，第一次違法僅罰兩萬元，一般企業根本不怕，他們會更擺明欺負孕婦，政府應該正視這個問題。」

為了不讓自己在懷孕期間丟了工作，在職婦女可以做什麼準備呢？首先，就是要搞清楚妳能夠請哪些假，哪些假是公司一定要給妳的。這些假當中，哪個期間是有薪假，哪些是無薪假，這些規定在性平法第二十一條都有寫清楚。

再來就是「了解什麼是懷孕歧視」。勞動部公布了十五項測驗，來幫助懷孕的職業婦女做診斷，妳可以檢視一下是否發生以下情況，用來判定自己是否遭受不平等待遇。

1. 面試時，老闆或主管曾特別詢問我是否懷孕或有無懷孕打算？
2. 曾聽說同事因懷孕而遭老闆或主管不利對待（例如：請假產檢困難、申請調動較輕易的工作遭拒絕……等）？
3. 曾聽說同事因懷孕而未調薪或升遷，但年資相同或工作表現相當的其他同事已調薪或升遷？
4. 老闆或主管在得知同事懷孕後，曾在言語或行為上表現出擔憂工作無法完成或將來請產假無法配合工作進度？
5. 懷孕期間，發現自己經常被老闆或主管指正錯誤或是要求改善工作效能或考績受影響，但是我認為我的工作表現並未有過錯？
6. 懷孕期間，被要求經常加班的情形增加，但是其他同事未被要求加班或業務並無明顯增加之情形？

7. 懷孕期間，公司有教育、訓練或其他類似活動的機會，老闆或主管未徵詢我的意願，就因我懷孕而指派或不指派我去？

8. 懷孕期間，公司為員工舉辦或提供各項福利措施，老闆或主管未徵詢我的意願，就因我懷孕而不讓我參加？

9. 老闆或主管要求我簽署如果懷孕就必須離職或留職停薪的約定？

10. 老闆或主管未依規定給予產假？

11. 老闆或主管將產假視為缺勤而影響我的全勤獎金、考績或做其他不利處分？

12. 懷孕期間，老闆或主管安排我在晚上10時至凌晨6時之時間內工作？

13. 老闆或主管以各種理由不給產假期間工資或藉故扣一部分？

14. 懷孕期間，公司有較輕易的工作，我申請改調，但遭老闆或主管拒絕？

15. 懷孕期間，老闆或主管讓我改調較輕易的工作，但卻要求我必須依據新的工作內容重新核定較低的工資？

儘管妳能察覺，但現況就如同于姓女子的親身經驗一樣，罰款太輕，一般企業根本不怕。小蝦米對大鯨魚，也很難對付。如果待的是規模較小的公司，人力本就吃緊，一旦有員工懷孕請長假，在調度困難的時候會迫使其他同事承擔了本不該是他的工作，也會導致孕婦在職場環境受到排擠，人際關係面臨嚴重壓力。

無論如何，在職婦女懷孕或許是所有企業的試金石，誰是良心企業，誰是不良企業，昭然若揭。有人說，評估一家公司是不是好公司，要看他們對待女性員工的態度，這句話可真的說得一點沒錯啊！

／凱特謎之音／

當懷孕變成職業婦女的原罪時，
誰還敢生小孩呢？

03

婆婆要我在家帶小孩

只有極少數的女人願意在天平兩端跑來跑去，
爲維持家庭與事業的動態平衡，
不停地奔馳在天平兩端。

朋友前陣子跟我訴苦了一件事，我本以為是他自己的問題，沒想到卻是關於他下屬的，頗讓我驚訝，卻又覺得在情理之中。接下來就稱這位下屬為 H 吧。

H 是一位聰明能幹又伶俐的員工，來公司不到三年，就升到了小組長的位子，得到上級很高的評價，也頗受同事信任。她負責認真，從來沒有因為私人事情耽誤過工作，所以當她告知主管自己已經懷孕超過三個月時，大家都非常驚訝，除了肚子目前看不出來之外，她也沒有任何懷孕初期難受的樣子，因此很難察覺。

今年的考核一過，公司已經準備升她上來，沒想到她卻在這時提出離職，理由是——婆婆要我安胎備產，之後在家帶小孩。

主管告訴她，懷孕這件事其實不會耽誤她上班，如果有什麼需求，公司都會盡量配合，其他同事也會予以協助。她是公司重點培養的得力主將，所以還是希望她能慎重考慮離職一事。

H的老公是一位家庭背景不錯的男生，所謂不錯就是家裡有錢，雖不至於是個富二代，但不愁吃穿。為了打發時間，在家附近的便利超商找了份工讀，每天就是走路去上班，然後到點下班回家。三十幾歲的大人了，從來沒有過正式的工作，這份工讀還是自己跟媽媽說想去玩玩，媽媽才答應的。

H從來沒有嫌棄過自己的老公，覺得兩個人相愛，他也對她好就可以了，兩人在大學認識，交往七、八年後結婚，但是婆婆的強勢卻偶爾讓她非常煩惱，得知懷孕之後，更是三番兩次要她快點辭掉工作，不然會害了小孩。

「聽到這樣的故事妳是不是覺得如果 H 辭掉工作很有可能就是悲劇的開始？這一家人從老公到婆婆都很不靠譜啊！」朋友問我。

「對啊，這麼聰明能幹的女人怎麼會看上這種男人呢？又怎麼會答應婆婆這麼無理的要求呢？實在讓人百思不解。但是啊，這都是站在我們的角度出發去想的，如果嘗試著站在她的角度去看，也許就能感受了。」我說。

朋友一臉疑惑：「妳們都是女人，也許能感同身受吧，但我是個男人，真的覺得就這樣辭職有夠傻。」

朋友的反應正說明了男性與女性婚後對事業與家庭的看法不同，這也是長期以來社會給男女設定的不同期待。男性，以能養家為主；女性，以能顧家為主。因此身為男人，是絕對不會放棄前途似錦的工作，甚至認為家庭、孩子都要為自己的前途讓道，而且身邊的人多半也會支持他，做他的後盾。女性則不一樣，一旦懷孕就會有來自婆家的壓力，此時的女人只能專職做母親，專心育兒，在一些傳統的家庭裡，生男生女還關係到她在家庭中的地位，孩子的性別、數量可能都會影響她在婆家過得好不好？

H 是喜歡工作的女性，也從工作中得到滿足與成就，但她也同時愛自己的老公，想要守護自己的家庭。當兩者放在天平上權衡時，只有極少數的女人願意在天平兩端跑來跑去，為維持家庭與事業的動態平衡，不停地奔馳在天平兩端。更多女人往往迫於婆家壓力而放棄工作，她們被迫只能擇其一，當神聖母職的重擔壓下來時，他們為了證明自己愛孩子，就只能以辭掉工作來保證。否則婆婆就會以「妳不替我們家想想，也要替孩子想想」諸如此類的話來誘使她心生愧疚（這就是標準的情緒勒索）。

「其實她可以生完孩子休完產假再回來工作啊，孩子給他老公帶就好了，你們公司不是也很支持嗎？」我問。

「妳以為我沒有提出這樣的建議嗎？她婆婆說男人不應該帶小孩……」

「哇哇哇，好一個有毒的婆婆啊，不讓自己的兒子獨立也就算了，竟然連媳婦的翅膀也要折斷。」我沒等朋友把話說完，就飆出這段話。

知微見著，回家路上我不停回想 H 的故事，從她身上可以想像過去有多少女性和她有著相同命運，她們本可以用自己的聰明才幹成就自己也成就家庭，卻被婆家要求拋棄自己的理想去犧牲奉獻。

經過幾次周旋協調，H 果然還是辦理了離職手續，回家待產了。身為局外人，我跟朋友都能看到未來將會是怎樣的生活等著她，卻不期待這樣的狀態發生在她身上，也只能祝她好運了。

問題是，有多少女人能有這樣的好運氣呢？

／凱特謎之音／

結婚生子果然是女性命運產生質變的最大因素，有毒的婆婆也是。

04

蠟燭兩頭燒

她們是既要工作又要家庭的野心家，她們是拒絕成爲金智英的革命者。家庭與工作，或許不是怎麼選擇的問題，是如何執行的問題，不然蠟燭又怎麼會兩頭燒呢？

有位讀者問了我一個困擾她很久的問題，尤其得知我正以四十八歲高齡接受試管嘗試懷孕之後，她更有感觸：

「為什麼最後都是女人要面臨選擇家庭孩子還是工作事業？年輕時想要打拚事業，但是年輕時卻也最適合懷孕；如果選擇了事業，意味著就要放棄結婚生子，不然就是要像妳一樣，搭上懷孕的末班車，靠醫學輔助來懷孕。結果卻也可能是失敗的。

如果遇到一定要有孩子的另一半，要怎麼交代呢？一定會破壞夫妻之間的感情進而影響到婚姻吧？為什麼這種問題總是女人在面對呢？怎麼樣才能讓年輕的女性不再困擾於這個問題呢？好怕自己選了事業會後悔，也很怕自己選了家庭會後悔，但是現在一點都不想要生孩子啊，哪怕現在是最佳生育年齡，但我一點都不想當媽媽，甚至有點害怕。我也想發展自己的工作，賺更多錢，有獨立的資本，卻也怕到了快四十歲會後悔沒有早點生孩子。」

這位讀者的問題道出了百年來最困擾女性的問題——一個女人想結婚生子，也想發展自己的事業，該怎麼選才能夠同時擁有？

黃艾莉是我很喜歡的一位美國脫口秀明星，中國與越南的混血亞裔。她懷孕期間依然挺著大肚子在台上說脫口秀，完全沒有耽誤自己的事業，生完孩子之後也馬上回歸。她先生是哈佛商學院畢業的菁英，非常支持老婆的事業，並且一直鼓勵她做自己，不過他們後來離婚了，隨著黃艾莉的事業發展越來越好，兩人之間的情感也受到了挑戰。

那一次的回歸秀裡，她大談兩性在婚姻中的不公平，我想或許是她的切身感觸吧，只是用了詼諧的脫口秀段子來抒發。她說自己的老公不過就是鼓勵妻子做自己想做的事情就獲得全世界的認同與掌聲，她在台上苦幹實幹，怎麼沒有人誇獎她。

她說：「女人對自己洗腦所說的最大謊言就是讓我們自己相信人生勝利組的意義只限定在能兼顧家庭與事業。這兩樣東西我都有了，但我告訴各位，這樣是不夠的，我需要的其實更多，我不僅想要同工同酬，我還想要同等的快樂。

但如果所有女人都想要那樣，都覺得這些都是自己應得的，就會造成很大的威脅，因為這樣會讓很多女人沒有時間去幫助他們的丈夫，讓他們的生活盡可能的輕鬆，所以你們知道嗎？如果我有一個老婆，我會有多成功嗎？」

哈，聽完，我自己都想要一個老婆了，是不是？

這個段子透露出一個非常重要的訊息——**也許只有男人可以真的事業家庭雙豐收，因為他們的雙豐收是建立在有一個老婆犧牲了自己的事業前途，回家幫他處理了家庭、孩子大大小小的事情的基礎上。**

因此，黃艾莉才要大喊：「如果有我一個老婆，我會有多成功！」

很可惜的是，我們多數的女人不會有一個賢內助，不但沒有，可能在必要時我們還要去扮演賢內助這個角色，否則事業家庭雙豐收這種好事就不會落在我們頭上。

如果你已經抱持著不婚主義，肯定沒有選擇家庭還是事業的困擾。你可以只談戀愛，並好好發展自己的事業、興趣以及愛好。恭喜你，不需要走入這個困局。

但多數的女人可能都是矛盾而且迷惘的，搞不清楚或沒有那麼篤定覺得自己這輩子就是不婚不育，只是現階段沒有遇見喜歡的人，不代表這輩子都沒有機會吧？甚至有些人覺得也許遇到真的想結婚的人這一切就會改變，抱持這種心態的女性可能才是大多數。

交往時，女人往往會考慮更多現實面，例如：如果我們兩個人都想拚事業，那麼對方可以等我到三十五歲之後再生孩子嗎？我可以保證自己生得出來嗎？還有真的確定我想要生孩子嗎？如果在三十五歲之前我都沒有想要生孩子，他會因此離開我嗎？我真的願意為了家庭孩子放棄自己一直在奮鬥的工作嗎？如果我不願意，那麼老公會用實際的行動來支持我嗎？他也願意負擔家事，成為接送孩子上下學，並且出席家長日，並隨時在接到學校電話就第一個趕過去的人嗎？

然而，這個問題最困難的不在於我們能不能同時兼顧家庭與事業，而是生育對女性來說意味著很高昂的代價。這個高昂的代價不僅僅是從懷孕開始就會產生影響，可能要持續到小孩長大之後至少十年以上的時間。

《八二年生的金智英》是韓國女作家趙南柱的作品，曾經改編成電影。講述平凡普通的韓國八〇後女子金智英從出生到為人母的過程，寫出了當代韓國男女不平等的現象。

在討論要不要生孩子這件事時，金智英跟老公討論了很多種可能，是生完孩子馬上回去上班？還是請一年的育嬰假然後再去上班？或者有一個人永遠不回去上班？他們整理出每一種情況的主要照顧者、投入費用、以及優缺點，最終得出：

「夫妻之中一定要有一人放棄工作專職帶小孩，而那個人只能是金智英。因為老公鄭代賢的工作相對穩定，收入也比較高，最重要的是，社會風氣普遍也都支持男主外，女主內。」

這是一對普通工薪階級的夫妻在面對育兒時的僵局，這個局面如果不打破，那麼金智英們永遠都不會有出路，她們不管幾代人，都會因為必須生兒育女，最後在不得已的選擇下，以一種看似是順理成章的方式回歸家庭，如此一來，她們才能擁有家庭孩子，並繼承接下來的命運。至於她們的事業工作，可能除了她們自己以外，根本沒有人在乎。

也許我們都可能成為金智英，一路辛苦求學、找工作，好不容易在職場扎穩一點點根基之後，卻因為結婚生子，人生自此跟社會脫節，被強制重新格式化。

以前常聽人形容職業婦女是「蠟燭兩頭燒」，她們先是點燃一頭照亮自己，隨後又點亮另一頭照拂家庭。她們是既要工作又要家庭的野心家，她們是拒絕成為金智英的革命者。家庭與工作，或許不是怎麼選擇的問題，是如何執行的問題，不然蠟燭又怎麼會兩頭燒呢？

／凱特謎之音／

如果你問我，家庭事業只能選一個？
我永遠都會選工作。

05

生育成本

了解這些生育成本所造成的傷害後，
要多少錢你才願意懷胎十月？

起因是這樣的，自從公布正在進行試管計畫之後，就有讀者問我：「不知道凱特跟某人怎麼分攤這筆費用？之後會去月子中心嗎？這錢是自己出還是某人出？還是兩個人均攤呢？」

早有耳聞「月子中心的錢該誰來出」是一個熱門話題，有人主張應該共同均分，因為孩子是兩個人的；有人主張誰去住就該誰付錢；有人堅持老公一定要付，因為老婆懷孕生產很辛苦（至於是怎樣的辛苦，說的也很籠統）。

讀者問我這個問題，很顯然地是想知道我的看法為何？怎麼處理？

我說：「這個問題在我們決定做試管前就已經都談妥了，試管以及坐月子中心的費用都是某人負責。一人出錢，一人出力（主要是身體上的），我還覺得便宜了呢。」對方看到「我還覺得便宜了呢」給了大笑的表情，問我為什麼？這個問題確實很值得展開說說，畢竟關係到女性的「生育成本」——這個過去一直被嚴重忽略的東西。

我的母輩們從來不肯談及生孩子的痛苦與犧牲，都用「忘記了」、「也還好」、「每個女人都這樣」含糊帶過。於是，**一代代的女兒們幾乎都在還未全盤了解懷孕對她而言會產生哪些變化時，就已經進入了生產模式**。身心強壯的人，忍一忍就過去，或許也沒過去，只「必須」讓它過去；身心脆弱的人，就抑鬱了，崩潰了。

這麼重要的事情，卻從來不談？這到底是為什麼呢？女人在一知半解的情況下生孩子，難道就能逆來順受成為一個好母親？

我不這麼認為。身為女性在生孩子之前肯定要先釐清生育成本帶給自己的影響與代價，明白之後再做選擇，才是正解。

女性的生育成本大致可以分為：

1. 生理上的成本

生理上所付出的健康成本是最難用金錢衡量與估算的，女人一旦懷孕就要投入大量的時間與精力來注意自己的身體，諸如：孕期的不適、孕吐、陣痛、血糖過高、子宮擴大二十倍……等；產後的惡露、漏尿、妊娠紋、腹直肌分離、臟腑移位、盆底肌鬆馳、陰道撕裂傷，肚皮、胳肢窩、膝蓋關節漸漸變黑、掉髮、乳頭變長、奶水無預警溢出……等，都是女性需要承擔的生理成本。

這些生理上的成本有些是不可逆的，需要借助其他手術來幫助恢復。例如膀胱脫垂就是很常見的產後毛病，過去很多婦女不知道可以借助手術來幫助，一輩子都在忍受漏尿的問題，嚴重到什麼程度呢？只要打個噴嚏就尿出來了。

許多婦女生產完，身體尚未得到完整的修復，就要投入育兒工作，這也使得她們的健康常常受到威脅。

2. 醫療費用成本

從確認懷孕開始，各項檢查的醫療費、營養補助品、特別檢查費用……等就已經開始滾動了，到生產時藥費、病房費、手術費和其他治療費等等還會陸續加總進來。台灣人會坐月子，月子期間的開銷也算做是產後醫療費用成本，這些費用都會增加家庭的基本開銷。因此，一對夫妻如果對生育前後的醫療成本沒概念，往往會不堪負荷，也經常會為錢傷了和氣。

3. 母職懲罰成本

生育對女性的職業發展可能會產生一些影響，如產假期間的工資損失、晉升機會的喪失、職場競爭力的下降，都會導致女性在職涯發展上落後於男性。這也是為何很多女人在最佳生育年齡面臨抉擇的原因之一，因為生育意味著可能面臨事業的停滯和收入的銳減，這些隱形的成本，往往讓女性陷入兩難。

美國歌手碧昂絲 Beyoncé 的婚前協議很值得用來說明這項成本，她與老公傑斯

Jay-Z 協議：「每生一個小孩老公得給她五百萬美金，每年給她一百萬美金直到結婚的第十五年，婚姻兩年內解體的話得給她一千萬美金。」

她的婚前協議能給女性什麼參考？最主要的就是讓我們認知到自己的工作價值，即「**無論你做什麼工作，只要持續工作你就可以產出價值，如果結婚生子會影響這個價值的持續性，那麼就要有補償機制**」。

畢竟碧昂絲的時間精力體力非常值錢，只要她一直保持產出作品，去做巡迴演唱會就能保證收入，但是懷孕生孩子餵奶什麼的，產後恢復，是非常耽誤事業發展的。所以這份婚前協議就是在保障她，是對她的補償機制。

4. 心理成本

從懷孕初期開始，綜合上述幾項成本所造成的問題，便足以給女性帶來巨大的心理壓力。這些壓力無論來自於職場、社會，還是家庭，都會影響個人發展，也會造成夫妻生活的摩擦。

無論身心，女性們都承受著巨大的痛苦和折磨，當丈夫無法感同身受，而身邊的女性前輩用一種「不就生個孩子嗎？哪個女人不是這樣走過來」的態度企圖規勸你時，那種不被了解的孤獨感往往會擊垮一個人。

奶奶對母親的態度一直都是傳統婆媳那一套，但母親每每說起坐月子還是會由衷感謝奶奶當時的照顧。彼時沒有月子中心，新手媽媽們多半在娘家或婆家坐月子。奶奶讓母親得到充分的休息，並且親自料理三餐，讓她吃好睡足，恢復元氣。我常想，這就是舊時代女性對彼此的同理心，雖然只有一個月，卻勝過任何時間的其他日子。

母親生了三胎，三胎都受到奶奶豪華的月子待遇。

回到最初讀者問我的問題。有人認為夫妻倆人應該均分費用才能彰顯婚姻裡的性別平等，但事實是，**只要牽扯到「生育」，男女在婚姻中就無法真正平等**，因為各種情況都顯示「女性承擔更多生育成本」，這是無庸置疑的。

在無法代替妻子承受的同時，做出給予金錢幫助的彌補，我覺得再合理不過（能用錢解決的問題都是最簡單的問題）。當時跟某人討論時，我請他換位思考：「了解這些生育成本所造成的傷害後，你覺得我要提供多少金援你才願意懷胎十月？」

他想了一下說，我知道了。

傳統社會一直以神聖母職來誘導女性生育，並把成為母親當做是女人一生中最偉大的角色，要求她犧牲奉獻。在這樣的語境下，女性的生育自主權被剝奪了，取而代之的是「成為他人或社會期待的母親，而非自己」。

我常想，當一個女人明白這些生育代價之後還願意成為母親，才是真正的想要孩子，才會真正的好好養育孩子。因為這些苦都是自願吃的，也就不要求他來回報。

／凱特謎之音／

沒有找到好隊友就不生孩子，能保自己一生平安。

06

有了第一個孩子之後

**有了第一個孩子之後，
變化最大的只會是女人。**

回屏東老家的時候，我偶爾會翻閱舊相本，即使都看過好幾回了，某些時刻還是會想重溫一下。翻到我滿月的照片，母親依偎在父親身邊，懷裡抱著我，兩個人的笑容裡、眼神中盡是迎接第一個孩子誕生的喜悅。

之後，我就很少在其他照片中看過這種笑容了。那是限定版的幸福，屬於第一次

母親與父親帶著剛滿月的我
在屏東中山公園合影，
留下「限定版的笑容」。

滿月在家中與一家人的合影，
其中包含大我一歲的堂哥（長孫與長孫女）。
小菊初為人母，幸福喜悅洋溢其中。

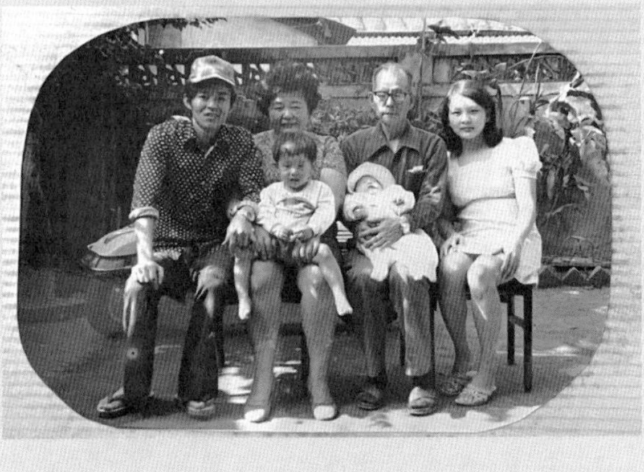

當父母的人。

朋友們有了孩子之後，臉書就成了孩子的成長相本，我自然也會看見他們臉上洋溢過的限定版笑容。雖然跟他們的孩子不熟，但也算是「臉友」吧，滿月、上幼稚園、上小學、國中、高中……，這樣一路看著長大的「別人家的第一個孩子」有不少個。

有些人討厭別人曬小孩，我倒是不討厭，因為成為父母之後，私人生活確實改變很大，孩子變成生活的主成分，父母的專注力也多半於此。這時若要再去苛責他們「狂秀小孩失去自我」，未免有點小題大作。

況且，臉書還有回憶功能，某年某月某日當時在做什麼你可能都忘記了，但如果忽然跳出孩子小時候的照片，提醒你當年這一天正在發生的事，除了會心一笑，會不會後悔應該多記錄一些呢？

朋友在外商公司上班，懷孕前每個月固定要出差一次。孩子生下後她請調其他部門，主要負責內勤，雖然穩定，但升遷機會很少，不像以前以外務為主，成績很快就被看見。她以前賺得比老公多，但現在對方的薪水已經是她的1.5倍了。

「不知道該替他高興還是替自己感到悲哀，怎麼我好像停滯了一樣？」朋友感慨。

二〇二三年諾貝爾經濟學得主克勞蒂亞・戈丁（Claudia Goldin）教授的著作《事業還是家庭？女性追求平等的百年旅程》，將二十世紀初至今受過大學教育的女性群體分成了五組，深入研究了她們在事業、婚姻、生育等方面的理想抱負與現實中遇到的各種阻礙，以及每一代女性面對問題的演變歷程。

第一組——成家或者立業，二選一

第二組——先工作再成家

第三組——先成家再工作

第四組——先立業再成家

第五組——事業家庭兼顧

與其說這是戈丁教授根據數據所得出的分類方法，倒不如說是按照「不同年代的女性生活現狀」所做的分類。每一代都會從前一代身上吸取經驗教訓，伴隨著避孕藥和生殖技術的發展，也使得女性能在平衡事業和家庭的道路上做出比以前的女人對自己更好的選擇。

例如我，年輕時選擇事業，過了最佳生育年齡之後借助生殖技術延長。凍卵技術

母親小菊與滿週歲的我。

跟我同年代的人應該都有這種在相館拍攝的週歲照片吧。

也是一樣，可以讓女人不必著急在年輕時就被迫要在兩者之間選擇

其中，第一組是二十世紀初的女性，約是奶奶們的時代，她們如果決定走向高等教育這條路，就意味著要放棄家庭生活，甚至不敢夢想家庭和事業皆得的可能性。在當時，女性能上大學需要比男性更努力，因此她需要用所有時間來學習，沒有精力再去管戀愛、結婚、生小孩這種事。

但是，隨著時代的進步，教育的發達，避孕藥跟生殖技術的先進發展，男女都能在職場發光發熱的時候，為什麼女性依然要面對選擇工作或家庭這道難題呢？

戈丁教授透過調查、取樣，最終得出了一個事實——從大學畢業之後，年輕男女一同進入職場，剛開始他們的職位相當，薪水差不多，但兩人結婚之後，女生的收入卻逐漸小於男生，女生的收入是從什麼時候，因為什麼因素而導致開始比男生少的呢？

答案就是，在他們結婚生下第一個小孩之後。

這是戈丁教授在二〇一四年發表的論文中提出的關於女性的「母職懲罰」，簡單來說，女性生第一個小孩之後因為要付出比男性更多的時間作為第一個照顧者，所以她們的工作勢必會受到相當程度的影響，甚至有些人自此回歸當家庭主婦，切斷了與

社會的連結。

在戈丁教授提出論證之前，大部分人在解釋男女收入為何在某個時間點突然出現差距，通常認為是因為教育程度或者職業類別的關係。但隨著時間推移，時代改變，男女受教育的程度差距逐漸消弭，很多過去男人從事的工作或職業別也紛紛出現女性，教育程度不再是主要的因素。但我們依然發現男女的收入在某個時間點產生了嚴重的差距，問題會是出在哪裡呢？

最關鍵的原因就是：女人的生育。

女性因為生孩子的關係，迫使他們在自己最好的年華從工作崗位上退居其次，因為她的很多心思將要分散給家庭，她們可能會離開職場，也可能沒有離開，卻失去了野心和衝勁，開始偏愛一些更輕鬆或者時間更靈活的工作，以便於她們可以到點下班回家照顧孩子。哪怕這會導致薪水上的大福縮水（薪資懲罰），她們也只能接受。

我身邊確實有很多做了媽媽的朋友，開始傾向於找可以配合小孩上下課的工作來做，即使有更好的升遷機會也會選擇放棄，因為高職位高薪水意味著高壓高風險，他們想著至少有老公去全心衝刺事業，於是自己只要有賺錢就好，大部分的心力還是拿來照顧家庭與孩子。

這看起來好像是她們自願的，但這種自願卻是「以犧牲自己的職業發展來成全家庭孩子為基礎」的考量，二十七至四十歲是一個人發展事業的關鍵時刻，卻正好與生育年齡重疊，因此迫使很多女性必須自願犧牲來達成家庭責任。

美國知名成功女性當中，有生小孩的女性佔比不到三成，換句話說，菁英女性有七成選擇了不生孩子，因為沒有生孩子，她們才能像男性一樣一路拚搏成為成功人士，但這並不意味著她們沒有結婚，只是在事業與家庭之間，選擇了不生孩子。

寫下這篇文的時候，我正在經歷第六次試管療程，忽然覺得自己的選擇或許也提供了參考方式——這是妳的人生，妳應該以滿足自己的需求為主，其他的自有辦法來彌補。

／凱特謎之音／

在這個世界上，
只要是限定版的東西都很貴，
需要付出很高的代價才能擁有。

07

重男輕女

有些人，覺得想生男孩太過傳統，
不想落人口舌，爲了政治正確，
只好說想生女孩，但不代表內心眞的這麼認爲。

女人多少會聊到這個話題，不管她將來想不想生孩子，這個問題就是：「妳想生男孩還是女孩？」

A說，男孩好，因為當女人太辛苦了，希望自己的小孩可以不用經歷這種痛苦，而且男孩的成長過程比較「安全」，不用時刻擔心他，男孩也好照顧一些，不用煩惱他的長相啊，摔倒留疤之類的。

B說，雖然男女都好，但認真要選的話，我更傾向於生男孩，除了A說的那些理由之外，男孩長大後還是這個家的人，至少過年過節會以回父母的家為主。

我問過很多女生這個問題，得到的答案以生男孩佔比更多，理由大概都是A、B兩人的說法，只有少數人會直接毫不考慮地選擇生女孩，只因為單純喜歡女孩。

還有一些人，覺得想生男孩太過傳統，不想落人口舌，為了政治正確，只好說想生女孩，但不代表內心真的這麼認為。

沒有人是為了傳宗接代，卻依然會傾向於生男孩，這個結果非常有趣。如果可以選擇，我也曾覺得生男孩似乎好一點，理由跟A一樣，出發點都是因為自己是女人，不希望孩子將來因為性別受到不平等待遇，但這不就間接承認女人是第二性嗎？不妥不妥，要找到這個問題的源頭。

無論A或B，理由其實都是父母「以能讓自己更輕鬆」為主的考量，女兒養起來確實比兒子更「麻煩」，成本較大，且風險較高，以後還是別人家的媳婦。所以，A或B的說法本質上跟傳統重男輕女的觀念相同，都是「趨利避害」，為了利益考量。

過去的農業社會裡，男性是生產力的代表，男丁旺盛可以帶來可觀的勞動力，男嬰自然比女嬰更加有CP值，因為回報率高，加上繼承制與婚姻制度，女性的權利慢慢被剝奪，也就導致生女兒有「賠錢貨」一說。

重男輕女，從來不是單純的性別問題，而是一種利益權衡下的結果。重男輕女的父母也並非真的比較愛兒子，而是自己能從兒子身上得到的比女兒更多，所以選擇兒子。

有位年輕的讀者跟我說，她跟奶奶的感情特別好，奶奶總是誇獎她懂事又貼心，有什麼好吃好玩的都會先留給她，她覺得自己非常受寵，跟奶奶撒嬌說：「我以後不結婚，要一直陪著妳。」

奶奶說：「女孩子長大總要嫁人的，這房子現在是妳爸的，以後就變成妳弟弟的，財產也是，所以妳要嫁人啊！」

聽完，她非常氣憤地問奶奶：「我也是爸爸的孩子，為什麼我不能跟弟弟一樣？」

她之所告訴我這些，是想表達都二十一世紀了，為什麼大人們還那麼守舊？弟弟什麼都沒做，只因身為長子、長孫就順理成章得到一切，而她卻要靠自己。

奶奶真的更疼弟弟嗎？不見得。奶奶的出發點很簡單，是為了家族利益著想。女兒出嫁後所生的孩子不跟本家姓，只有兒子結婚後的孩子跟著本家姓，父母指望兒子幫自己養老送終，財產自然要給兒子，不給女兒。這是利益驅使，跟奶奶更疼愛誰，沒有半點關係。

看美劇《繼承之戰》，四個兒子女兒各自為了誰能得到家族最大利益而劍拔弩張，爾虞我詐，親情與手足之情全都拋諸腦後。在巨大的財富與權力面前，父親把孩子當成是自己利益分配的籌碼，卻同時假裝是一個好父親。大兒子明面上討好父親，實則是為了自己的野心，後來還反過來對父親宣戰。女兒在父親面前是「永遠的寶貝乖女兒」，背地裡卻想方設法整垮自己的家族企業。

看這部劇之前，我一直不懂為什麼在傳統的認知上「嫁出去的女兒就是潑出去的水」？直到劇中的女兒顯露心機我才明白，成為他姓者的人，其所生後代極有可能成為未來本家繼承者的競爭對手。要是你是父母，以長遠的眼光思量，會不會也「重男輕女」？

朋友來自傳統守舊的家庭，從小就知道父母對哥哥更好。長大後，哥哥誤入歧途，欠下賭債，父母要求她幫哥哥一起還債。她建議把房子賣了，可以不用拖累大家，誰知母親卻說：「房子賣了以後你哥哥娶老婆怎麼辦？」

她既委屈又失望，終於認清在父母眼中她不過就是個工具人，需要她時必須奉獻，但好處永遠留給兒子。這樣的女兒在世界上有好多好多，她們最後都要以一種「不惜與全世界為敵」的決心，才能擺脫重男輕女在她們心中烙下的傷痛。

和某人商量孩子時，自然也討論到性別，我也問了「希望是兒子還是女兒」的問題。他完全沒有考慮，秒答：「當然是女兒！」原因無他，女兒愛撒嬌，女兒貼心，女兒可愛……，所有理由都是以自己想從女兒身上得到什麼為第一考量。

「試管能成功、順利生產才是最重要的吧！孩子健康就好，是男是女不重要，我們都會愛他。」

某人以老父親的語氣結束了這個假設性問題，我點點頭，同意他的說法。想破除重男輕女的觀念，唯有父母給予孩子不求回報的愛，不讓彼此成為對價關係，或許才有可能。

／凱特謎之音／

重男輕女，
重的從來不是兒子，
是我能得到什麼好處。

08

互相輕視的女人

當女人羨慕男人寵愛自己的老婆或女友的同時，
是否也可以用相同的心境
看待其他女人靠自己爭取更多東西。

朋友領了年終，開開心心幫自己買了一個包，慰勞一整年的辛苦耕耘。拍了開箱影片，放上ＩＧ限時動態。想說只有一天的期限，不會被說炫富吧？沒想到卻還是引來其他女性友人的齟齬。

「妳幹嘛自己買包啊？叫老公買就好了啊，傻女人才自己買包。」

CHANEL

四十歲生日時某人送的香奈兒小羊皮 CF，

是他唯一送過的一只包，

也是我人生中的第一個香奈兒。

直男送包風險很大，

開箱時我曾經想過「如果又醜又貴怎麼辦？」

幸好它很美，而他也只送過這一次，幸好。

「對啊，對啊，我老公出差回來都會買個包或馬牌的絲巾送我，女人就是要這樣被男人寵才行嘛！」

「自己買包有一種可憐的辛酸耶，雖然我們都知道妳能力很好，但有時候還是要給老公表現一下呀。」

嚇得朋友趕緊下架這則限動，直呼吃不消。得知這件事後我問她為何刪除，是不是真的被戳中了痛點？她說，沒有，只是因為那些朋友好幾個都是家庭主婦，所以有可能反而是「我戳中了她們的痛點」吧？

話說，我身邊的朋友很少有家庭主婦，幾乎都是職業婦女，而且都是厲害的職業婦女，事業家庭兩手抓，經營得有聲有色。因此當朋友跟我說起這件事時，讓我挺驚訝的。原來，在某些女人眼中「自己買包很可憐」。

「某人有送過妳包嗎？」朋友問。

「有啊，我四十歲大壽的時候，送了我一個香奈兒黑色小羊皮ＣＦ。」我說。

「那不錯嘛，還挺有眼光的。」朋友眼中出現星星。

「妳不懂，當我收到還沒拆開時，真的很怕是一個又貴又醜的包包。如果真的又貴又醜，揹也不是，不揹也不是，那才煩人呢。這就是老公或男友送包的壞處，直男的品味很可怕的。」

不過，某人只送過那麼一次，我也算安心了。關於買喜歡的東西，還是花自己的錢靠譜一些。據說網路上有些女性不僅會秀老公或男友送的東西，還會在過年秀老公或男友給她的紅包，關於這類的貼文，往往會得到很大的反響，下面的留言充斥著「好幸福喔」、「好羨慕喔」、「太會寵人了吧」等等讚美。同樣都是秀包包，自己買的會被酸「奢侈、拜金、炫富、有什麼了不起」，老公或男友送的則會引來滿坑滿谷的艷羨，甚至這位送包的男人都會被蓋章認定為是個好男人。這是一種女人普遍的精神勝利法——男人肯為妳花錢就代表愛妳。

只是，我們從來都不知道男人買包送老婆或女友的真正動機為何？是否就是真愛？這裡面有很多貓膩。但女人自己賺錢買自己的包，可是貨真價實的愛自己。

有人可能會反駁，不管是老公或男友送的，還是自己買的，包包只是一個身外之物，不管是誰，女性只要用自己能力所及或嚮往的方式得到幸福都很好，沒有誰比誰更高尚。這個說法看似平等，卻忽略了語境中「當女人想靠自己爭取一些東西，帶有強烈的野心」是否可以不被批判？

我們當然可以不要比出高下，當然可以認同有能力的人靠自己買包，嚮往被疼愛的人讓老公買包，只要大家都幸福就好。但關鍵可能在於：當女人羨慕男人寵愛自己的老婆或女友的同時，是否也可以用相同的心境看待其他女人靠自己爭取更多東西？如果無法，卻要用「沒有誰比誰更高尚」的說法來解釋，就很難說明心態上的問題。

張愛玲在《談女人》這篇文章提到：「女人取悅於人的方法有很多種。單單看中她的身體的人，失去許多可珍貴的生活情趣。以美好的身體取悅於人，是世界上最古老的職業，也是極普遍的婦女職業，為了謀生而結婚的女人全可以歸在這一項下。這也無庸諱言——有美的身體，以身體悅人；有美的思想，以思想悅人，其實也沒有多大的分別。」

有老公送的包可以秀，那就秀吧；有自己買的包可以秀，也不必藏著。大家都是得到幸福的女人，只是方式不同。彼此給予祝福或肯定，真的有這麼難嗎？非得要相互輕視？

朋友夫妻與其他夫妻一起去旅行。回程時在免稅精品店購物，同行的夫妻中有位老婆要老公買包送她，老公說上個月不是才要過一個包，兩人在櫃上爭執了起來。朋友見狀，趕緊偷偷拿走自己看中的東西去結帳，暗自慶幸有自己的卡能刷真好。

她回頭告訴我這件事，替那位妻子感到些許的難堪，問我怎麼想？我說，也許這就是他們夫妻的相處法則，透過討價還價來相互羈絆。老公並沒有因為旁人在場而愛面子替老婆買單，老婆也沒有為了保留顏面而放棄爭取，正是如此，才讓人感到他們其實挺速配的。

朋友恍然大悟，直說我看事情的角度清奇，其實不是，我只是不願意為難女人。

／凱特謎之音／

正因為了解女人那點小心思，
所以才維護女人。
我想做這樣的女人，而非相互輕視。

09

你不是媽媽你不懂

有時我會很受傷，當有人以「你不是媽媽你不懂」作爲一段對話的開頭時，就會莫名讓人感到沮喪，甚至有點惱火。

我從來沒有發表過如何教育孩子的看法，因為我不是一個母親。不過我當過小孩，所以知道媽媽用什麼方式教育我疼愛我，會讓我感到滿足且幸福。基於這一點，我覺得每個人其實都有一套自己的育兒理念，來自於個人的親身體驗。

大妹在疫情前後生了兩個孩子，一男一女，相差一歲半。我們家終於迎來有小孩子嬉嬉鬧鬧的一天，經常滿屋子亂烘烘的。孩子正值愛玩的年紀，精力充沛，活潑頑皮，大人們招架不住時就會稍微吼一下，請他們冷靜。

我其實覺得這時期的小孩挺可愛的，就是有些不受控，所以父母帶出門就會非常累，常常一不小心，孩子就離開自己的視線，不知去向。

某人在疫情後跟我回了幾次娘家，對這兩個初次見面的小孩有點適應無能，我嘲笑他是否害怕有小孩的生活了？他回：「我想我們的小孩會比較乖吧？」

真是一個樂觀的老父親。

我很少在孩子的父母面前發表育兒的看法，就連對我大妹也是，即使也有看不慣的地方，但我會靜靜觀察他們是如何解決的，然後換位思考一下，如果是我的孩子，我會怎麼處理。看別人育兒，真的可以得到很多啟發。

不過有時我也會很受傷，比如當有人以「你不是媽媽你不懂」作為一段對話的開頭時，就會莫名讓人感到沮喪，甚至有點惱火。我感到不悅的原因不是因為還生不出小孩，而是被一種彷彿只有當媽媽才有資格發表看法的優越感給刺激到。說者無心聽者有意，我告訴自己，算了，也許真的有很多事情是當媽媽之後才能真正體會的，就像有人說的「換了位子就換了腦袋」。

我在德國有一位好閨蜜Angela，她生了一個混血女兒非常可愛，經常跟我分享母女的點點滴滴。得知我正在做試管之後，語重心長地說：「天啊，我有多希望妳也能生個孩子，不然關於當媽媽的很多事情我都不能跟妳分享，不是我不想說，而是真的沒有踏入這個世界妳不會懂。」

「妳一樣可以跟我說啊，我想聽。」

「真的想聽？我是想抱團取暖耶，可能會是訴苦大會喔。」

後來她也沒說，可能是因為忙，可能是因為別的原因。總之，我對於「你不是媽媽你不懂」這件事是越來越好奇了。

自從養了貓之後，我看網路分享的貓貓影片都非常有感。以前我看不出趣味性，經常覺得這有什麼好笑的？可是養了奧斯托、有了四寶之後，我整個小宇宙被貓打開了另一扇門，不僅看自己的貓做什麼都好可愛，連看別人的貓都會想「來，給阿姨抱一下」，在外面遇見流浪貓則會以高八度的聲音追著人家喊「咪咪」。

我跟某人就經常分享在網路上看到的貓貓影片給對方，然後說：「我懂我懂，他

大妹妹在四十二至四十四歲期間自然懷孕誕下一雙兒女，

自此我們家終於有了小孩吵吵鬧鬧的氛圍。

圖為他們在客廳白牆上亂塗鴉，被我抓拍的瞬間。

們就是這樣。」光是一則喜歡把桌上的東西推到地上的影片就可以笑得半死。

有天，我忽然靈光一現。把養貓前的自己跟養貓後的自己對照了一下，才發現，也許和「你不是媽媽你不懂」這件事有異曲同工之妙。

在我還沒養貓之前，如果有養貓的朋友跟我分享貓貓影片，我可能會無動於衷，或客套說一聲「好好玩」。養貓之後，聊起貓的迷惑行為我們可以聊一整個下午，每個點都很有共鳴。

因此，「你不是媽媽你不懂」或許不是一句帶有優越感的話，正好相反，是一種想尋找同類，獲得共情的感慨。想通了之後，我跟 Angela 說：「如果我真的成為媽媽了，到時候一定不會寂寞，因為有妳。」

她驚訝我怎麼忽然說這些話，我回她「只是忽然想明白了一些事」，並承認她之前說得沒錯，媽媽們想要的是有同類可以相互傾訴，那些痛苦的、快樂的、新奇的、懊惱的、無奈的……種種小事情，都曾經有人經歷過並深深地理解其中滋味。

母親曾經在父親外遇時有過一次談判，她希望離婚，然後帶走三個女兒。父親沒有同意。不久之後，他發生意外過世，留下母親和我們。

我問母親：「妳當時提出離婚條件時不害怕嗎？不擔心自己養不起三個孩子嗎？」
她說：「妳不是媽媽妳不懂，媽媽有的時候就是這樣。」

／凱特謎之音／

有些身分是無論如何
都無法換位思考的，
比如媽媽。

好朋友 Angela 與她的先生，
她四十一歲時生下女兒，是個可愛的混血小美女。

10

家庭主婦

如果夫妻雙方都認爲「男主外女主內」
可以讓家庭的利益最大化，
那麼當女人選擇以家庭主婦爲工作時，
就不需要爲自己留在家裡沒賺錢而感到自卑。

提起家庭主婦，就讓我想到之前看過一部影集《美國夫人》。劇情講述的是美國七〇年代，保守派人士菲莉絲・施拉夫利（Phyllis Schlafly）發起反對《平等權利修正案》的運動，她這位家庭主婦與當時第二波女性主義者展開了一場對峙。最終，保守派家庭主婦群體贏得勝利，女性主義者以失敗告終。

這部影集主角菲莉絲由大家熟悉的凱特・布蘭琪飾演，是一部從女性角度切入的故事，但主角人設看來卻有點政治不正確，因為她不僅反對女權主義，還反對墮胎，反對同性戀權利，反對男女平權。這部影集讓我看見了女性在爭取權利時的力量，哪怕她們立場不同。

一直以傳統方式在家相夫教子的婦女們，被女性主義者視作是丈夫的寄生蟲，她們感到自己被批判、被反對，地位不如職業婦女。菲莉絲巧妙地利用了家庭主婦不甘願自己受到輕視的心理，把她們團結起來投反對票，贏得了勝利。這是發生在五十多年前的故事，卻依然有它的現實意義。如今，職業婦女看不起家庭主婦依然是普遍存在的問題，那些批評家庭主婦的言論還是會讓她們很受傷。

日本女性學權威上野千鶴子教授表示，她之所以研究女性主義是因為自己的母親。她在母親不幸的婚姻中發現了主婦們無償進行家務勞動的普遍狀況，這些主婦們被視作「沒有工作的人」，不被回報、不被感謝，不僅覺得自己沒賺錢對家庭沒有貢獻，甚至認為丈夫的價值更高，只要丈夫說聲「辛苦了」就能得到妻子無償的付出，是以愛為名的剝削。

她說，如果家庭主婦的工作是男人嘴上說的那麼重要且高尚，是用愛為家庭發力，那麼他們為什麼不自己來做？正因為他們也看不起家庭勞動事務，所以才編造了一個甜蜜謊言讓女性甘願奉獻。

因為上野教授，我才真正體會到女權主義者並非反對女人留在家裡，而是站在捍衛女性權利的基礎上替她們討回應有的公道，讓她們意識到自己的付出是有價值的，家庭地位跟丈夫一樣。從一個家庭的角度出發，如果夫妻雙方都認為「男主外女主內」可以讓家庭的利益最大化，那麼當女人選擇以家庭主婦為工作時，就不需要為自己留在家裡沒賺錢而感到自卑。

看看家庭主婦都在做什麼？上野教授在《無薪主婦》裡提到：

「家務、育兒、護理都被稱為『看不見的勞動』，這些看不見的勞動，往往都是女性在承擔。除了洗衣、打掃等有名目的家務之外，還存在著補充消耗品、思考菜品等生活中不可或缺的家務，也成為無名家務。

單純的養育子女這一項，就包括了每天準時回家給孩子做飯、孩子放學回來已經有熱菜、熱飯在桌上、浴缸裡放好了熱呼呼的洗澡水，所有這一切都是生命的再生產勞動，正因為家裡有人在做這些事，社會才得以維持運轉。

如果一個孤立無援的女性背負了所有的照護和負擔，我將這種現象稱為『超載的方舟』。」

我在網上看過一名家庭主婦跟先生談薪水的文章，她把自己每天在家所要做的例行事務列出清單並對照家政婦阿姨、保姆的鐘點費用，結算出「如果請人來幫你做這些事需要花多少錢」的清單，成功地讓丈夫意識到自己對家庭的付出，得到應有的待遇。只不過，不是所有家庭主婦比照辦理就能得到丈夫的認同，更重要的是，她們得要先看得起自己並敢於提出要求。

有位讀者在五十歲生日當天留言給我。過去，她會替自己安排一趟生日旅行，這三年卻因為疫情的關係，導致哪兒都不能去，就這樣無聲無息來到了五十歲。她感到非常沮喪，覺得自己無比孤單。她是一個單身的女人，雖然有份工作，但這份工作也逐漸因為年紀而受到限制。她沒有做到高層，只想著能做多久就做多久，對她來說工作越來越像一份用來糊口的事。

她的處境讓我想到一件事——現在的輿論氛圍流行一種說法，如果一個人能過得很好，不結婚生子也沒關係。「不婚不生，快樂一生」這個說法逐漸成為當代顯學，尤其強調女人只要有工作，有積蓄，有房子，晚年就可以過得很好。所以，女人一定要從年輕時開始工作，不要隨便結婚當家庭主婦。

但事實真的是這樣嗎？我們一直鼓勵女性走出家庭，但走出家庭的女性只要有謀生的工作就足夠了嗎？現代女性有多少人做著可有可無的工作，存不下多少錢，表面上獨立自主，實際上卻可能越老越沒有優勢，面臨中年失業的危機。這時，無數的單身中老年人就會羨慕起有家庭、有孩子的人，認為自己做錯了選擇。

事實上，中年困境只有職業婦女或職業單身婦女會遇到嗎？並非如此，家庭主婦也會有同樣的困境。所以，問題的核心邏輯並非在於你有沒有結婚，也不是你有沒有一份工作能自己賺錢，而是年輕時，**無論你選擇結婚還是不婚，選擇當職業婦女還是家庭主婦，你對自己的這個決定有沒有預設過風險？並有能力解決它？**

家庭主婦的最大風險就是丈夫，他是經濟來源，是家庭的合夥人。你選擇合夥人的眼光如何？是不是有足夠的能力跟他一起把家庭運作管理得風風火火？是否承受得起家庭的變故？如果事情不是你想像中那樣發展下去，你有沒有應變的方法？娘家的人是否會給你堅強的支持？同樣的，如果你不結婚，是個單身職業婦女，你最大的風險就是「自己」，你不能倒下，因為你是自己的依靠。所以你要懂得理財與規劃，否則中年後會發現自己戶頭沒有多少錢，而年紀已經一大把了，放眼望去沒有人可以依靠。

無論是家庭主婦與職業婦女，似乎讓女人覺得自己一生只會有這兩種出路，兩種選擇，兩種生活。這兩種人相互敵對，也把自己的路走死，或許才是女性最大的悲哀。

／凱特謎之音／

如果結婚後需要支付薪水給妻子，還有多少男人願意結婚呢？

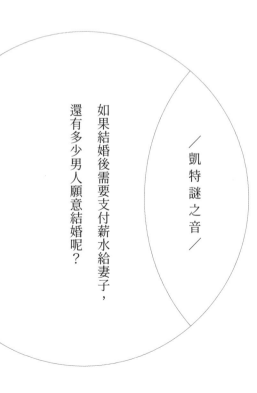

Chapter 4

大齡生育的美麗與哀愁

只要踏上生育之路，
女人就會既美麗又哀愁，
既快樂又痛苦。

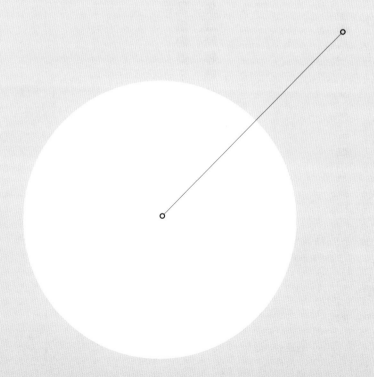

01

凍卵廣告

是幫自己買一個保險，還是後悔藥？凍卵眞的可以解放女性的生理時鐘嗎？

你考慮過凍卵嗎？近幾年，凍卵成為三十代女性群體中最熱門的話題，大部分的支持者認為只要凍卵就可以延後女性的生育時間，讓自己擁有更多的生育自主權。加上名人、網紅的推波助瀾，凍卵似乎變成了女人選擇先拚事業時的最佳輔助良策。

二十年前，我甫邁入三十，因為從沒想過自己未來要有孩子，所以從未考慮過凍卵，加上當時民風保守，資訊也不若現在發達，對於凍卵有太多不實傳聞，因此周遭適婚適孕的朋友即使想過要孩子，也沒有人跑去凍卵，甚至有人覺得，會去凍卵的人不是有病，再不就是嫁不出去。

如今，時代真的不一樣了，隨著女性意識提高，醫療技術的發達與普及，大家對凍卵的觀感漸漸變得正面且積極，凍卵開始蔚為風尚，不管有沒有固定交往的男友，只要人生規劃中包含結婚生子的選項，凍個十幾二十顆卵彷彿就掌握了未來的可能性。

有人稱凍卵為「幫自己買一個保險」，像我這種年輕時不想生孩子，趕在生育末班車積極試管的人則稱之為「後悔藥」（雖然我不後悔）。無論是買保險還是後悔藥，**凍卵的意義無非是讓女人不再受限於最佳生育年齡**。

在美國，許多知名企業開始補助三十歲以上女性員工凍卵的福利，這項福利讓女性員工可以不再為了選擇工作或生育猶豫不決，至少使她們願意持續付出好幾年的時間繼續為公司賣命。在台灣剛剛過去的二〇二四大選中，也有多位候選人提出了凍卵補助作為競選政見。可見得，凍卵確實已經成為了女性最切身的話題之一。

在我周遭，陸續完成凍卵的女性朋友大多落在三十五至三十七歲之間，她們有些是因為還不想結婚，有些是因為沒有對象；提起生小孩，有些是模稜兩可的態度，有些是堅定想要孩子。無論她們對孩子持哪一種想法，對於能多創造一個選擇給自己，倒是樂見其成。只是凍卵真有廣告說得那麼「神奇」嗎？是真的能還給女性自由嗎？還是，只是另一個製造焦慮的產物？先來了解一下凍卵流程吧。

凍卵的流程前半段和試管療程相似，從月經第二至三天起施打排卵針劑，並根據卵巢超音波的結果，調整藥物劑量，等到卵子成熟數目足夠時，就會施打排卵針，安排取卵手術。試管療程在後續會直接進行精卵結合，凍卵則直接將卵子冷藏保存。整個療程大約需要兩到三週時間，花費約六至十萬元上下不等，後續每年保存費約落在六千至一萬以內，可永久保存沒有期限。

不過，台灣法律規定，女性需要具備異性戀婚姻身分，而且需要法定配偶的同意才能解凍使用卵子進行人工生殖。換句話說，卵子雖然是從妳的身體取出來的，但妳要怎麼用，還得需要妳有結婚的身分並得到丈夫的同意才行（即排除了同性戀婚姻與單身女性）。這一點，也是大家最詬病的。

法律跟不上技術，或說跟不上人性的需求，也使得凍卵出現了爭議。有專家認為，如果婚姻無法跟生育解綁，那麼凍卵所鼓吹的女性生育自主權不過就是國王的新衣，它背後所代表的依然是傳統的那一套——女性必須結婚才有資格生孩子，或說女人要有合法的配偶才有資格生孩子。難怪有人要說，期待有一天女性不再需要法定伴侶同意也能自由使用卵子，在此之前，先凍起來再說吧！或者，去國外合法的地方做吧！

辛苦付費並承擔生理風險凍卵的女性，以為掌握了人生選擇權，其實也有可能落入了另外一種生育焦慮之中。尤其某些凍卵廣告強調「在幾歲前凍卵，卵子質量更好」，也讓很多女性在未滿三十歲前就開始發愁，但這些考量往往都是無謂的焦慮。

凍卵既然是醫療手術，那麼肯定具備風險，解凍之後的卵子是否真的「有用」，也成為大眾所關心的重點。台灣目前唯一的數據是台大醫院婦產科二〇二二年的研究：十八年間六百四十五名女性凍卵，使用率不到10%、活產率僅有2.6%。美國的數據則是使用率6～20%，活產率11～21%。

高費用與低使用率、活產率似乎戳破了凍卵神話，讓人意識到原來並非萬無一失的良策，其風險與代價高昂，也許只是白忙一場？

不過，我倒是有朋友是解凍後成功懷孕的案例。她在三十五歲左右凍卵，四十歲遇見現在的丈夫決定結婚，嘗試自然懷孕未果，兩年後解凍卵子，透過人工受孕懷了雙胞胎。她很感謝自己年輕時做了這項投資，當初決定凍卵時還遭到家人反對，覺得是在詛咒自己不孕。但她相信科學，也相信自己的選擇，也許這種堅定的信心才是使她後來成功解凍受孕的主因吧。

我絕對樂見凍卵技術越來越純熟穩定，期待它能造福女性，但也希望大家不要盲目跟風，輕信那些以女性主義語言包裝的凍卵廣告。明白自己的需求，衡量自身的經濟條件，並好好照顧、關注自己的身體，凍卵才有可能成為妳的人生金鑰，而非焦慮的來源。

／凱特謎之音／

台灣《人工生殖法》規定，凍卵生子的人工生殖技術僅適用於不孕夫妻，對於「社會性凍卵」的保存、使用及棄用並沒有法律規範，對於凍卵機構、設備及警示系統也沒有納入政府的監管機制，這也使得凍卵者的權益缺乏保障，真希望能趕緊立法規範，給凍卵者一個更優質的環境。

02

晚熟的人

我忘記自己眞實年齡的同時，
也忘記了自己其實已經
老到可以生出一個○○後的小孩。

我的青春期很長，至少我是這樣認為的。很多人在三十歲前後就決定要生孩子這件事，我一直都想不透，也無法共情。因為三十歲過後，我內心還住著一個孩子，這個孩子不喜歡被約束，也不喜歡承擔除了自己以外的責任，她在有限的天地中，活得自我又任性。我有意識地讓青春期無限延長，常常忘記自己真實的年齡。

這是不是彼得潘症候群我不清楚，但如果是，我也承認。小時候看故事書，我就能夠體會離開溫蒂的彼得潘，反而溫蒂最後選擇回到人類的世界生孩子變老，讓我非常不解。

許多認識我、跟我相處過的人都認為我是個具有成熟思想的女性，在長輩眼中，我甚至是早熟的孩子，懂事、自律、從不讓人擔心，只是這些僅僅是我用來示人的A面，在更多人看不見的B面裡，我其實非常抗拒與人產生連結，尤其是，生命上的連結。

我表面上做著成熟的事，說著成熟的話，但背地裡其實非常幼稚。

這一生中讓我感到最自由的時刻，是二十二歲畢業後北上工作的時期。我終於擺脫校園、家族、來到一個陌生卻充滿驚喜的城市。我是自己的主人，沒有人能管得住我，即使住在狹小的木板隔間房裡，我依然覺得自己擁有了人生目前為止最快樂的自由。我終於能為自己作主，為自己而活。

我從不理會社會給年齡規範的那一套標準，二十歲該幹嘛、三十歲該幹嘛、四十歲又該幹嘛，千篇一律，乏味至極。偏偏我身邊很多人都趕著適應社會時鐘，三十歲前結婚，過兩年買房，再過兩年生孩子，四十歲時，頭差不多禿了，肚子周圍有一圈脂肪，手臂上的掰掰肉晃來晃去。嗯，看上去明顯是個中年人了，不枉費這幾年的努力。

在這些同齡人群裡，我顯得稍微違和，不是因為我還染著輕淺的髮色，穿著當下流行的衣服，化著與年齡不符的妝，而是我的語言裡沒有任何關於家庭孩子的話題。我用著當下網路最紅的用語，知道社群平台最新的功能怎麼操作，吃著第一線娛樂新聞八卦的瓜，還聊著完全不接地氣的時裝週軼事。

誰會在乎精品品牌撤換了時尚總監？除非你跟我一樣，青春期很長。我的手機APP裡，甚至有抖音和小紅書。臉書早就不玩了，只因為朋友們還在上面，所以沒有解除安裝。

我忘記自己真實年齡的同時，也忘記了自己其實已經老到可以生出一個○○後的小孩。很幸運地，我遇見了一位跟我有著相同青春期的人。他也活得自我又任性，自由自在；他一樣不喜歡被約束，也不喜歡承擔除了自己以外的責任。我們一拍即合，尤其在生孩子這件事上特別有默契，不生，就是我們的共識。兩個彼得潘一樣的孩子，攜手遨遊在冒險島上。

這樣的兩個人從來沒有想過，過了四十五歲竟然同時迎來了成熟期。人是怎麼突然變成熟的？我不知道。也許並沒有所謂「突然」的改變，只是在不知不覺中成長了。

你意識到自己的需求，於是改變了自己的想法，修正了自己的行為，從一個不想為誰負責的人，變成了「我應該可以承擔起責任」。

自此，我的青春期慢慢消退，一些更成人的考量進駐了我的內心，我開始思考如何承載一個生命，如何面對人生中的生老病死。我可能真的失去了一些自由，但很奇妙的，我竟然一點也不覺得痛苦。

有人對我說，現在有點太遲了，不如做回永遠長不大的彼得潘吧，放棄成為大人，或許比較容易些。在很多人眼中，我確實成熟得太晚，但這樣的時機點對我而言，也許才是最好的時候。晚熟沒有關係，重點是熟了。

／凱特謎之音／

現代人多半晚熟，青春期拉得很長，
有時長到看不見盡頭。
這樣的人還是等到成熟點，再來考慮孩子事吧。

03

踏出試管之路

我能說在台灣做試管實在是太幸福了嗎？

寫這篇文時，我剛剛完成第六次試管療程。取卵十二顆，只配成兩顆五天的囊胚，等級還很一般，之後會送去基因檢測，目前情況待定。

儘管如此，這也已經是我六次以來「成績」最好的一次了。進入這次週期之前，醫生建議我嘗試ＰＲＰ卵巢注射，加強卵巢機能，另外搭配中醫治療，服用水藥與藥丸調理。當然，該吃的葉酸、輔梅Ｑ10……等營養補充品也沒有落下。

踏出試管之路前，我上網看了很多資料，讓自己對ＩＶＦ（體外受精—胚胎移植技術）有大致上的了解，同時也透過這些資料的查找、經驗分享，慢慢建立自己的心理準備。我相信肯定有些女性是帶著一知半解的腦袋進入週期的，所以一旦有超出預期的事情發生，會很容易崩潰。因此，真的不要盲目進週，至少跟老公要達成共識，做好相關知識儲備，才能一起迎接這項無法預期結果的挑戰。

前三次的試管是在疫情間於北京的醫院執行。那時我和某人因封控待在北京的家，自然也就只能選擇北京的醫院。曾有朋友在北京的醫院試管成功懷孕生子，透過她的介紹我也進入了同一家醫院治療。這是一家市立醫院，原本人就特別多，加上疫情管制，每次到院看診都十分耗費心力。試管求子的人比我想像中更多，還有從外縣市來的，她們辭去了工作，在附近租了短期的房，為的就是能全心全意做試管。

如此求子心切又孤注一擲的魄力，對住在北京當地的我來說簡直有點「瘋狂」，好幾次我在診間外等待時還不時用手機工作，相較於她們，我實在是太不認真了。不過，也因為沒有讓自己一門心思都撲在這件事情上，才能夠以鬆弛的狀態面對每一次的失敗。

還記得進週時，我隔三差五就要回醫院照卵巢超音波，記錄卵子的生長情況，然後醫生再根據卵子與血液的數據去做排卵注射劑量的調整。看診的人實在是太多了，專門照超音波的診間有兩張床，兩個醫生，就這麼前後像流水線移動著，即使八點前就到院抽血、上樓排隊，也要等個兩小時才會輪到我。

躺在診間的床上時，我也沒閒著，要自己拿筆記錄左右卵巢有幾顆卵子，長了多大，一一把數值記下，下午醫生看診時會用。妳會問，怎麼不是醫生護理師記錄呢？不好意思啊，人實在是太多了，他們忙不過來，只能妳自己記錄。

因此，我能不把工作帶到醫院來嗎？畢竟光是看診複診，就需要耗費一整天的時間在醫院等待。剛開始時我不明究裡，覺得醫院流程非常沒有效率，後來我搞明白了，不是沒有效率，不是這件事有多麼的複雜，而是人太多，要等。這是我沒有預估到的狀況，所以第一次簡直受到了震撼教育，但同樣的療程做了三次之後，我也麻木了，習慣了，更得出一套「等待應變措施」，找了一家醫院附近的早午餐店，抽完血，做完卵巢超音波，就去店裡吃飯處理工作，算好時間再拿著血液報告，去診間報到。

疫情結束，加上連續三次試管沒有結果，我順勢休息了一陣子，等兩岸通行之後，因工作安排回了一趟台灣。做線上課程的推廣時，上了淡如姐的 podcast 節目聊起此事，她熱心地介紹了台北市聯合醫院仁愛院區婦產科的詹景全醫師給我，於是接下來兩年，我轉移陣地開始在台灣做試管。

我能說在台灣做試管實在是太幸福了嗎？等待區有沙發可坐，整個生殖中心安靜舒適，醫生護理師們說話輕聲細語，還能輕輕呼喚出妳的名字，回答妳所有可能在他們心中有點愚蠢的問題，記得妳的卵子指標、針劑劑量，貼心地提醒妳所有注意事項。無論是做超音波還是其他檢查，都隨時注意患者的隱私，我能夠安心地躺在診療台上，聽他們隔著簾子仔細地說明現況。

取卵過程也讓人倍感放心。在北京，因為人多，所以取卵手術會同時好幾台一起做，恢復室中好幾張床，所有做完手術的病患隔著簾子躺在床上。對照起來，台北的生殖中心簡直就是為妳量身訂做，取卵手術過程只有妳與醫護人員，恢復室中也只有妳與陪同家屬。

之後三至五天的培養過程，會有胚胎師專程致電告知目前的最新狀況，如果不慎漏接了電話，則會以 e-mail 通知（在北京，妳必須算好時間回生殖中心向護理站自主洽詢，然後會收到一張冷冰冰的數字組合，這些數字代表什麼還得自己問醫生）。

做試管的女人內心都脆弱地不堪一擊，不僅要在期待與落空之間反覆橫跳，有些人更是背負著家族的壓力前來，心中壓著一塊大石，外界一點風吹草動，都足以在她們的世界掀起千層浪。因此，一處優質的醫療環境，貼心又值得信任的醫療團隊非常必要！

此期間，我也改變了飲食習慣，戒掉了酒、咖啡、茶，以高蛋白、低脂肪、高纖維為主，不減碳水。以前喜歡的零食糕點也狠狠從生活裡剔除，並強制自己每天晚上十一點前上床睡覺，不准熬夜。運動項目除了瑜伽，另外增加了跳繩與簡單的重訓。

施打排卵針劑期間有時反應比較明顯，尤其腰腹會腫脹，人也比較容易疲倦。不知道是不是激素改變了體質，做試管的三年多裡我胖了三到五公斤，這是二十年來我的體重第一次超過了五十多公斤，褲頭緊到扣不起來時，曾經讓我感到非常沮喪。

試管之路，道阻且長。過去聽聞有人因長期求子未果而引發重度憂鬱症，覺得不可思議，但自己親身走過後，大概能解箇中滋味。起初，還有些抗拒聽見別人對我說「辛苦了」，現在則覺得「除了辛苦了似乎也沒有其他語言可以替代」，也就欣然接受了。

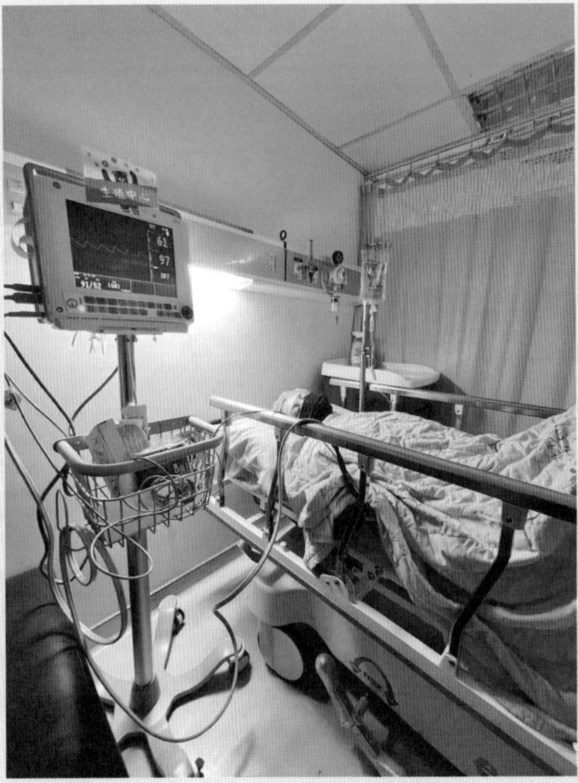

取卵後在恢復室等待甦醒。
我妹說，拍一張給妳留作紀念。

／凱特謎之音／

努力自己能努力的，
然後相信醫生，
除此之外，別無他法。

04

診間外的女人

在生殖中心，
我與一群素昧平生的女人相逢，
命運交織於某時某刻。

候診時，視線偶爾會從手機螢幕上移開，看看周遭和我一樣等待的女人們，我們來自不同的地方，各自有不同家庭，因不同的理由來做試管。我們的命運在此有了部分的重疊，比如主治醫生是同一位，以及都還沒有懷孕成功。

有時，會有快畢業的「學姊」來訪，因為胚胎剛剛著床不滿三個月，還需要回生殖中心檢查。她們會挺著微微隆起的小腹，接受學妹們的簇擁，大家會輪流輕輕撫摸她們的肚子，藉以沾沾喜氣。原本不相識的一群人，因為做試管成為了短暫的朋友，一起抱團取暖。

跟某人說起在診間外看見的趣聞時，他問我：「妳怎麼沒有上去也摸一摸？」我說：「怪不好意思的，而且我也不認識她，但摸一摸真的有用嗎？」看著那些學姊，我這個樂天派想的是「試管成功的機率算挺高的吧？」

北京的生殖中心因為很多人，所以可以看盡人性百態。有些人是老公陪著前來，從他們互動的情況來看，就知道試管折磨了他們多長時間。我曾經見過一個男人，從恢復室走出來，後頭跟著剛取完卵不久的妻子，他大步大步自顧自往前走，老婆在後頭想加快腳程跟上，無奈手術剛做完，根本無法快走。她喊了喊他，只見那男人臉色一沉，沒好氣地轉頭朝著她大喊：「又怎麼了？」見著此狀，我想著：「女人啊，你何苦為這樣的男人生孩子？」

當然，也有非常疼愛老婆的男人，在我們面前上演甜寵劇橋段。一樣也在恢復室，我隔壁床躺著剛被推進來休息的女子，她嗲聲嗲氣喊著「好疼」，老公就捧著她的臉「呼呼」，某人在一旁也瞧見了，給我使了個眼色，我小聲說：「別，我不是很疼，想想等一下回家吃什麼，我們順道買回去。」

大部分時間裡，生殖中心看見的還是女人居多。我屬於看不出年紀很大的患者，有些人從眼神一看就知道年紀還很輕，但大部分來求診的以三十五歲以後的女性居多，像我這種超過四十五歲的，倒是真的比較少見。有回，我不小心偷瞄到醫生電腦的檔案，才知道所有患者中我是最老的，年紀最小的才二十六歲，其餘均分布在其他三十代行列中。

平時出門，我肯定是完妝的狀態，但到生殖中心，我一律是素顏、帽子、口罩，休閒舒適的衣服搭配球鞋。少數幾次，我需要去完醫院後趕赴其他地方，就以平常出門的裝扮進入生殖中心。護理師看見，上下打量了我一下，然後說：「不要噴香水，卵子生長時期不喜歡這些東西。」我才想起出門前隨手灑在空氣中走過的那場香水雨。後來，我把身體乳都換成無香型，香水也暫時不用了。

因為大家都戴著口罩，衣著則為了便於做超音波等檢查都以樸素輕便為主，所以很難分辨同在診間外的女人是否有些人和我一樣愛美？我後來發現有一處會洩漏秘密，那就是「指甲」，於是開始尋找有沒有人也做了美甲？是的，我放棄了香水，但我沒有放棄美甲，手腳上依然是修剪成方圓，深紅、大紅、裸色、白色輪流替換的指彩。可惜，沒有遇見同類，診間外只有我的手指不是素顏。

某次，有人在診間外哭了。她是一位從外縣市過來北京，並在醫院附近短期租房的患者，據說辭掉了工作，為的就是專心做試管備孕。我聽過不少專門辭掉工作做試管的案例，因為療程太花時間與精力，加上精神壓力，很多人索性就離開了工作崗位。這位哭泣的女人已經進行了五次試管，七次移植失敗，她在電話這頭跟老公喊著「我想要放棄了」。生殖這條路，逼迫了多少女人斷送自身前途，卻最終沒有迎來想要的結果。

我最後一次出現在北京的生殖中心，是移植後一週去驗血。驗血結果沒有懷孕，主治醫生跟我說：「放棄吧，關鍵就是年齡，別再做了，不用浪費這些錢。」

十月的北京秋高氣爽，是一年四季中我最喜歡的季節。黃透的銀杏，紅透的楓樹，把這座城市染上了油畫般色彩，就在這美麗的季節裡，我被醫生退貨了。

／凱特謎之音／

診間外的女人有美麗的，有哀愁的，有年紀大的，有被醫生宣告放棄的。

十月的北京銀杏正美，

也是此時，我被醫生宣告：還是放棄吧！

05

打針恐懼症

有心人統計過，

試管成功到生下寶寶起碼要打兩百至五百支針。

這數字是不是非常驚心動魄？

在網路尋找試管案例分享時，讓我感到最怵目驚心的照片是有人會把成功懷孕前後所打過的針統一收集起來，給它們一張「合輯」。那些針有些被堆成小山似的，有些被排成了愛心型，有些則是圍繞著成功生下的寶寶，這些記錄暗示著每一個寶寶都是媽媽挨了無數針的結果，每個針頭就是一個痛點，隔著手機螢幕都能讓我生疼。

我很怕打針，從小就怕。小時候只要有點感冒症狀，我都盡量忍著不讓母親帶去診所，怕的就是醫生給我打針。打在屁股上的針尤其可怕，當護理師用酒精棉擦拭消毒，冰涼的觸感從底下直竄腦門之後，我就會開始預測他什麼時候會下針。往往是迅雷不及掩耳的速度，我的屁股肉因為害怕而縮緊，反而更痛了。此時，護理師會說放輕鬆，但我的屁股依然緊張。

於是，每次打屁股針，我都會獲得「烏青」一片，要大約一週才會消失。

我知道網路上那些人分享「試管總共要打多少針」不是在嚇唬人，因為很多人都和我一樣怕打針，更不會自己打針。他們把這些針拍下來，一是告訴其他姊妹們要有心理準備，二是替自己加油打氣：妳可以的，妳已經戰勝了這些針！

進入試管週期之後，天天要打排卵針，每天的劑量有時是三種不同的針，有時是兩種，看醫生如何配置。有些針設計成簡易可旋轉更換針頭，注射起來比較沒有壓力，但第一次的新手可能還是會手忙腳亂，所以通常護理師會先示範一次，然後當場讓妳操作看看，以確保回家後妳可以自己施打。

有些特殊的針劑則需要進行調配，醫院有時會配好成一管讓妳帶回家打，有些則需要妳自己想辦法（北京的生殖中心就是如此，醫生會開注射單給妳，讓妳去小區附近的衛生所或醫護站請護理師幫忙打針），像這種針就比較麻煩。

移植後還有很多針要打，例如肝素、黃體油針，幾乎都是打在屁股的針。這時最好訓練老公可以幫忙施打，不然就必須自己學會。我是怎麼都學不會自己打屁股針的人，某人也怕到手抖直接敗退，我只好天天上醫院報到給護理師在屁股上頭扎兩針，而這種打在屁股上的針是最痛的，好幾天還疼的那種。

有心人統計過，試管成功到生下寶寶起碼要打兩百至五百支針。不包含期間內抽血檢查所扎進的針頭。這數字是不是非常驚心動魄？

除了針管合輯，還有一種照片是患者把自己屁股上密密麻麻的針點拍下來。這畫面用想像的也能知道，如果這麼多針同時期要天天扎在你身上，屁股或肚子的肉就這麼一個小範圍，當然會累積不少針點。有些還伴隨新舊的烏青，從紫青到橘、黃色不等的色塊。

試管成功的朋友跟我說，每次聽到有人自然懷孕生小孩就會覺得她們好幸運，因為不需要挨那些針，吃那些苦，花那些錢。我問她，有把針留下嗎？她說，沒有。我們相識而笑，我也沒有留。

克服打針的恐懼沒有任何捷徑，就是硬著頭皮正面迎擊。如果覺得委屈，可以向老公耍耍脾氣，讓他安慰安慰妳；如果覺得辛苦，想想也許寶寶正在來的路上，就能咬咬牙撐過去。這時候「精神勝利法」最管用，試管媽媽們每天就是跟針劑、藥物打交道，再不積極樂觀，其實很容易憂鬱。

有朋友只做了兩次試管就放棄了，當得知我正在進行第六次時，特別來給我打氣。她當初之所以放棄不是因為怕疼，而是受不了每次的「結果宣判」。取卵兩次，移植四次皆失敗，她禁不住每次滿懷期待卻又落空的情緒反差，最終鎩羽而歸，止步於此。曾問她遺憾嗎？她表示「不遺憾是騙人的」，但已經努力過了，適時地放過自己，也是重要的人生智慧。

有人說，只要寶寶健康平安出生，那些針就沒有白挨，那些苦就沒有白吃。如果是為了自己想要孩子，那麼這些話我非常認同，但如果是迫於家庭的壓力，或者只為了滿足老公的需求，那麼我會質疑這些話。

試管就是女人的自我與心理的一場搏鬥，身體的苦可以忍受，但內心所受到的挫折與打擊，嚴重時會擊潰妳的信仰。如果這是一條註定要孤軍奮鬥的路，我希望妳不要勉強自己走下去。

／凱特謎之音／

很多事情對家人來說
可能只是宣判一個結果，
但對試管媽媽而言，
都是經歷一次七級以上的強震。

06

親愛的，我能為你做什麼

別說沒男人什麼事，
男人在試管療程中的作用很關鍵，
除了保障自己的身體健康貢獻最強精子團，
也身兼提供情緒價值的責任。

雖說試管是女人的自我與心理的一場搏鬥，是一條註定孤軍奮鬥的路，但如果身邊有好隊友加持，起碼這條路上會充滿愛。

愛很重要，尤其在這個時刻。

開啟試管之路後，某人跟著我一起更改飲食習慣，他平常就不喝酒，要做的健康管理就是第一時間戒菸。這個男人說到做到，很快地就把菸給戒了，沒有任何反彈。說真的，男人需要為試管做的努力已經很少了，如果戒菸戒酒都做不到，真的不要讓老婆遭這個罪，女人也不需要為了一個不配合的男人犧牲自己。

我的心態之所以能好，很多部分來自於某人對我的態度。他總是給我鼓勵，給我信心，也從不計較花了多少錢，只要有空就陪同我一起就診，取卵、移植手術也一定排除萬難陪在我身邊。週末假日我們會去附近的郊外走走，舒展身心，排解壓力。前三次試管失敗時，他對我說：「如果妳想放棄，我們隨時都可以放棄。」

他非常明白這件事不存在保證成功的允諾，一切尊重我的選擇，如果身體或心理承受不住，可以隨時喊卡。

我感受到他滿滿的關懷與呵護，心想著，即使最後沒有成功，至少我們一起有過這段特殊的經歷，它記錄了我們人生的某一段旅程，寫下了屬於我們的人生故事，無論如何都彌足珍貴。

女性在試管療程中所承受的壓力遠遠大於男性，身為丈夫，如果可以適時給予妻子一個擁抱，一聲問候，陪她聊天轉移注意力，都能夠幫助緩解她生理上的不適，或心理上的焦慮。你就是她最堅強的後盾，也是她勇氣的來源之一。

試管療程進行中，可以分階段給予不同的照護：

促排卵階段

第一次應該夫妻倆人一起聽醫囑，了解施打排卵針劑、服用藥物的流程。這期間妻子會因為藥物反應心情起伏較大，丈夫一定要給予包容，並避免讓妻子過於勞累。可以適時監督或提醒打針吃藥的時間，注意飲食上的均衡。

取卵、移植階段

取卵手術後妻子會有腹水等術後反應，可以臥床休息，但切記不能長時間臥床，可以陪她散散步，不要讓她單獨行動。飲食以高蛋白、易消化的食物為主，如果會做飯，可以自己料理。朋友的老公擅長廚藝，試管期間為老婆擬定了各種食譜，每天換菜單做飯給老婆吃，讓我非常羨慕（果然是別人的老公）。

移植後施打針劑有時需要丈夫協助，有些妻子會因為需要安胎而臥床，為了不相互干擾，可以暫時分床睡，讓兩人都可以獲得充分的休息，也有助於著床。

把試管想像成兩人的團隊合作，一個獻出肉身在前線拚搏，一個就以後備的姿態給予援助。別說沒男人什麼事，男人在試管療程中的作用很關鍵，除了保障自己的身體健康貢獻最強精子團，也身兼提供情緒價值的責任。

第二次取卵時，我在等候室與一位同樣在當日接受取卵的小姊姊聊了一會兒。她先問我做第幾次了？因為她是第一次有點緊張。她的老公是「弱精症」患者，而自己非常想要孩子，所以才來做試管。

我問她，老公的意願如何？配合度高嗎？她說，因為結婚三、四年一直懷不上孩子，她先去做了身體檢查，發現自己一切正常。醫生建議夫妻一起來受檢，才查出老公的問題。結果老公心理調適不當（覺得自己缺乏男性雄風），婆家人也冷言冷語譏諷她，一度讓她非常灰心。後來她向公婆保證要生個男孩給他們，才讓老公答應接受治療並採取試管。

聽完她的故事，我在內心倒抽一口涼氣，很想跟她說：「好妹妹，不要這樣折磨自己，難道妳沒有從這件事上看出這一家人最有問題的地方是心態，不是身體嗎？」

但又覺得這是她個人的選擇，所以只好把這些已經到嘴邊的話又吞了回去。

聽到做試管，一般人最常聯想到「女方可能年紀大」、「卵巢或子宮功能有問題」，很少人會想到其實男性單方面存在問題的可能性也很高。如果夫妻想要孩子，最好兩人一起備孕，做好檢查，查出問題後接受治療，相互幫對方打氣。

愛很重要，尤其在這個時刻，夫妻情感的濃度有多高，都在此時體現。

／凱特謎之音／

親愛的，
你所能做的就是「用愛發力」！

07

當期待落空時

世界上每分每秒都有人正在做試管，
妳不是唯一的那個，更不是唯一失敗的那個；
妳不是唯一痛苦的那個，
更不是唯一遊走在放棄邊緣的那個。

四十五歲那年，我開始做試管療程，剛好趕上醫院規定的年齡上限，如果再晚一年，可能會被拒收（這是當時北京市立醫院的規定）。第一次取卵取了八顆，沒有配成任何可供移植的囊胚。這個結果讓我深受打擊，也許我高估了自己的身體素質？

當然，年齡是關鍵問題，這一點也迫使我去正視。

沒決定生小孩之前，我對年齡沒有任何觀念上的限制，不覺得自己老，從不因為數字而焦慮，甚至仗著自己有點娃娃臉，對駐顏有術也頗有自信。沒有做過手術，沒有遺傳病史，也沒有任何慢性病，健康檢查的結果幾乎不見紅字，但這些「自我感覺良好」在試管療程面前卻一一被粉碎。

我想像過自己不會取到很多顆卵，卻沒想過自己連一顆囊胚都配不成功。報告中，我的ＡＭＨ指數是1.54。ＡＭＨ是抗穆勒氏管荷爾蒙，原文為Anti-Mullerian Hormone。這個數值代表卵子的庫存量，與取卵數有很大的關係，ＡＭＨ高，取卵數就多，ＡＭＨ值低，取卵數就低。這個數值會隨著年齡降低，通常來到四十五歲以上就會低於１。

我的ＡＭＨ在四十歲以上的高齡產婦中不算低，但只代表我還能取到卵，不代表卵的質量好。因此，當務之急就是「養卵」，提高卵子的質量，爭取「好卵」。

只不過，這件事談何容易？和做過四、五次試管的朋友聊起，她表示談到養卵就覺得很無力，像一拳打在棉花上。明明都做了該做的事，吃了該吃的營養補給品，也減少外食的機率，甚至都養成早睡早起以及運動的習慣了，但卵子的質量卻一直沒上去，受精卵常常是培養到第三天就停止成長，總是配不成五天的囊胚。

我說：「妳的情況跟我很像，我也是這樣，先前移植過第三天的鮮胚，其餘的去培養第五天，但也都沒有結果。放在我肚子裡的不著床，放在胚胎室的不成長。」

當期待落空時，我發現卵子與精子結合這件事完全是個謎，因此我們才那麼地獨一無二。萬萬中的精子遇到那一顆成熟的卵子，在子宮安全著床住下，經歷十個月漫長成長，然後順利被產出。從最初到最後，都不能有任何閃失，一旦出現，就可能不是現在的我們。

生命好奇妙啊，是完全無法被掌握的，也沒有相同路徑可被完美複製。

失敗三次之後，我開始上網搜尋一些分享，看看大家都是怎麼度過？熱門文章往往都是強調自己做了多少次，失敗了多少次，因此身心俱疲，搞得家庭也開始出現不和諧的聲音，於是萌生退意的想法。

也許是為了安慰PO文者吧，底下的留言就會變成一個大型比慘現場，會有不少人以「妳真的還好，我都做了××次，失敗了××次」起頭，更有甚者會說「我原本已經著床了，血值也翻倍了，但後來胎停了」、「因為試管失敗，我都離婚了」，企圖用「我比妳更慘」來相互取暖。

有沒有被安慰到我不知道，但我看完不禁感嘆，走在試管的這條路上確實不寂寞，世界上每分每秒都有人正在做試管，你不是唯一的那個，更不是唯一失敗的那個；你不是唯一痛苦的那個，更不是唯一遊走在放棄邊緣的那個。

想通了之後，我確實有被療癒到。

在北京做的最後一次試管是二〇二二年十月，不久疫情結束，宣布解封，我也決定讓自己先休息一陣子。因為疫情的緣故，好久沒見到家人，先是過年回了趟台灣老家，跟親朋好友團聚。三年時間，說長不長，說短不短，妹妹的兩個孩子長大了，母親也肉眼可見的衰老一些。改變的，沒改變的，都讓人感到又親切又陌生。

之後我安排了跟閨蜜的旅行，以及一場夏日的家族旅行，正當我開始淡忘過去兩年在北京做試管的感覺時，幾乎死去的記憶又再度向我襲來。經友人介紹，我決定回台灣做試管，換個醫生，換個環境，再接再厲。

朋友說：「這樣很好，有時候做試管也是很講求緣分的，跟醫生的緣分。」我這朋友只要遇到無法解釋的事情，就會用一句「緣分」來做註解，於是我想，跟孩子的事也是緣分吧，畢竟，這件事也是說不清道不明啊！

／凱特謎之音／

一次就成功的那是天賜奇蹟，多的是一次次承受失敗的人。專注自身，不要過度偏執。

08

神祕的力量

精神勝利法永遠是人心脆弱時刻的最高指導原則，所謂「盡人事、聽天命」，映射出的不過是人對自己想要的東西究竟願意付出多少努力。

本書開第一次編輯會議時，我剛剛經歷在台灣的第一次試管（人生中第四次試管）。進入療程前，醫生重新驗血，查出了自體免疫系統的問題（紅斑狼瘡高危險群，會嚴重影響懷孕），吃了一陣藥調理後才正式進入療程。結果取了八顆卵，但囊胚培養失敗，全軍覆沒。

那時，我和責任編輯還不確定這本書具體要寫什麼主題，於是經紀人、編輯趁我還在台灣時緊急開了一個小組會議。在會議中閒聊到第四次試管又失敗，兩人輪流安慰我。

為了緩和略帶尷尬的氣氛，我分享了一件趣事給他們。早上小妹陪我去醫院領藥，在車上語重心長地跟我說：「我知道妳做試管很辛苦，也知道妳這個人很鐵齒，但如果什麼方法妳都願意嘗試的話，要不要試試看神祕的力量？」

小妹本人篤信神明，認為很多事情冥冥之中自有天道，對無法解釋之事向來心存敬意。平日除了會固定去所居住地附近的土地公廟拜拜之外，每年特定的時間也會去某某宮祈福，凡遭遇任何無妄之災，也必定去廟裡上香卜卦抽籤以求心安。因此，她口中所謂「神祕的力量」就是指「妳要不要去拜註生娘娘」？

我以為分享這件事給她們聽會得來一連串的笑聲，結果她們兩人不約而同地說：「什麼？妳竟然沒有去拜註生娘娘？」語氣充滿質疑，好像我做錯了什麼事。

「所以妳們都認為我應該做這件事？」這下子我真的感到尷尬了。

「當然！等一下會議結束我們就去龍山寺拜註生娘娘。」經紀人是個行動派，馬上就幫我下了決定。

「是啊，龍山寺的聽說很靈驗呢，還有啊，一定要回妳老家，去家人最常走動的廟拜一拜註生娘娘，因為出生地域的關係，也是很靈的喔！我懷孕之前，老公就在他老家的廟求過註生娘娘。」編輯緊接著補充說明。

「所以你們都相信神祕的力量？」我又再一次尷尬發言。

「當然！」她們異口同聲地說。

「我不認為這是迷信，是國粹，妳就把它當作是中國人傳承下來的一種民情風俗，反正妳什麼都做了，不差這一項，拜了也沒有損失，不是嗎？」經紀人加碼又說道。

我就這樣被說服了，會議結束，和經紀人叫了計程車立馬從台北信義區直奔萬華區龍山寺，一個我生命中非常陌生的地方，進去之後彷彿劉姥姥進大觀園，對一切都嘖嘖稱奇。看了看指南，抓準了大致參拜的順序與方向，一路從正殿拜到後殿，並在註生娘娘面前停留約莫十分多鐘。

經紀人叮囑我，先問候神明好，然後報上大名，家住哪裡，說明來意，若有發願一定要說日後必來還願，要不要捐獻就看自己心意。我就像初次從老師手中拿到回家作業的小學生般畢恭畢敬，先是在腦中快速設計了一套參拜祈福語，然後照本宣科。

參拜中，順勢觀察了來拜拜的善男信女們，他們從眼神到肢體、手勢，看起來就是比我虔誠啊！好多人口中都念念有詞，有跪拜的，擲筊的，甚至有人在哭？想必是一個很艱難的願望吧？亦或是已經達成了願望所以感動落淚？

我雙手合十，閉上眼睛先行禮鞠躬，抬頭後眼神堅定看著面前的神明開始默念祈福語，同時想著：「以前陪我媽去廟裡上香時我都在幹嘛呢？」總之，這應該是我人生中對神明最尊敬、最看重、最誠心的一次。參拜之後，還買了一個註生娘娘的小福袋（日本稱御守）放在我隨身小包裡，既然要做就一次到位囉，心誠則靈。

龍山寺之行後，過年回老家屏東，也在家族固定參拜的媽祖廟進行了一場儀式，不僅加碼拜了送子觀音，還點了註生燈，雖然有人詬病這些不過就是廟裡的一樁生意，但精神勝利法永遠是人心脆弱時刻的最高指導原則，所謂「盡人事、聽天命」，映射出的不過是人對自己想要的東西究竟願意付出多少努力。

以前，我總認為自己是個無神論者。經此一事，我再次細想，與其說自己是無神論者，不如說自己是「泛神論者」。萬事萬物，都有因果循環，老子說：「人法地，地法天，天法道，道法自然。」那股神祕力量我們不知為何，便稱之為神，而我最終相信的並不是神，是以渺小的自己面對大自然生命時，油然而生的敬畏之心。

對宇宙萬物的生命心存敬畏，才是我的信仰。

／凱特謎之音／

台北龍山寺到屏東媽祖廟，
是我對神祕力量最後的倔強，
不能再多了。

台北萬華艋舺龍山寺求來的註生娘娘御守。

回家鄉屏東媽祖廟點求子燈與註生燈留念。

09

一點點回報

他說得沒錯，我的努力終於有回報了，
雖然只是一點點的回報，
卻也足夠安慰我們過去的遺憾。

曾經問過生殖中心的護理師一個問題：「像我這樣超過四十五歲來做試管的人多嗎？」他們說，不多，而且通常嘗試過一兩次沒成功就會放棄了，很少人像我一樣投入超過三次以上。畢竟，做這件事確實需要投入大量的金錢與時間，不是所有人都願意付出。

想想也是，我至今打過最貴的針一支就要三萬元，買的時候還只能付現不能刷卡。當時小妹陪我去，一聽到三萬元，當場失態大喊「怎麼那麼貴」。但這麼昂貴的針也沒有帶來高效，依然在培養第五天的囊胚時全軍覆沒，顆粒無收。

我一下子就能理解護理師的話，如果沒有足夠的經濟準備，缺乏與之長期奮戰的耐心，試管這條路對大齡夫妻來說只會增加不必要的遺憾和經濟損失。失敗了就要重來，重來的過程中，醫生會建議嘗試其他方法，自己也要微調身體的狀態，如果平常工作壓力就大，還要顧及現實，放棄某些機會與可能，盡力讓自己處於相對平和的生活常態，為自己創造符合放輕鬆的環境條件。

說起來很簡單，但實際進行卻很困難。好幾次，我在促排卵週期中就反覆失眠，經常一整夜沒睡好，沒有得到充分的休息，沒有好的睡眠品質，多少會影響卵子的質量。但是，我也不想失眠啊，我也想好好睡覺啊，無奈有時候就是事與願違。

最近的一次試管結果，我得到兩枚五天的囊胚，等級雖不高，但符合可以送基因檢測的標準。如果基因檢測結果沒問題，就能安排移植。這是六次試管中成績最好的一次，某人聽到時非常高興地說：「這不就是有進步嗎？妳的努力終於有回報了。」

他說得沒錯，我的努力終於有回報了，雖然只是一點點的回報，卻也足夠安慰我們過去的遺憾。平常沒有那麼樂觀的他，這時倒是比我還積極進取。我常想，也許在這件事上，他比我還看得開。幸好他看得開，我也就能放心地做我想做的事，也能抵禦外界任何質疑的聲音。

自從宣告要做試管，身邊的朋友就給予我很多的關心與幫助，有些人幫我介紹生殖中心的醫生，有些人幫我介紹中醫調理，有些人給我送補品雞精。我收過好幾個人給的好孕棉和好孕糖，以及幫我在外地很靈的廟裡求的註生符。這些關愛，都來自女性同胞們，讓我深感「還是女人最懂得如何疼惜女人」。

我沒有在社群平台跟讀者們多說試管的事，只在線上課程上架推廣時期公布過。還記得當時公布時很多人嚇一跳，他們以為我是不想生小孩的女人，甚至有過「凱特都沒有小孩，我也可以不生小孩」的想法。我聽到覺得非常可愛，我從來沒有堅決地表示過自己不要孩子，只要有人問起，我一律答「現在不想要小孩」，這就是我當下的想法，不涉及未來。因為我知道現在不想，不代表以後也不想，我允許自己內心有個開放性的空間，在我還沒有搞定自己之前，我不會去做這件事。關於生育，我始終有恐懼與擔憂。因此，不會在有疑慮的情況下盲目地去生孩子，也不會說些模稜兩可的話。

或許都已經四十多了，所以大家以為「凱特應該不會想要孩子了吧」，沒想到卻來個大轉彎，別說你們始料未及，我也曾經被自己的想法嚇到。

我相信很多人肯定跟我一樣，只知道自己現在不想要孩子，不確定自己是不是這一生都不要孩子。但是，**比起以後來不及做這件事的遺憾，我更相信帶著疑惑走入母親的行列會造成更大的傷害**。前者，只是妳個人或妳與丈夫的遺憾，後者卻有可能是妳、丈夫、孩子三個人的災難。尤其是孩子，他何其無辜？

這也是我書寫本書最大的用意，希望女人們都能夠以自身為出發點去思考生育這件事，而非迫於家庭、老公等外界壓力。要有這份堅定的意志，也要有禁得起質疑的勇氣。**無論做不做母親，女人都是有選擇權的，沒有人可以代替妳做決定，女人的未來也不是只有母親這條路可走**。

倘若妳還沒有釐清自己的方向，也千萬別逼迫自己。沒想明白就沒想明白，不確定就不確定，這樣的妳才是對自己負責的人，記住了，永遠不要欺騙自己。

報。

如果我的經驗能夠帶給大家一些思考，那麼這小小的幫助對我而言就是最好的回報。

／凱特謎之音／

在試管這條路上，
我開始發現，
自己得到的回報比遺憾更多。

10

停損點

停損點是自己設的，不要跟別人比較，永遠要以自己所能承受的為主，因為每個人能負荷的壓力不同。

人生至今，我設過很多次停損點。

三十歲第一次轉職時，我告訴自己，如果花光積蓄，撐了一年沒能成功，就退回原點繼續做設計工作；四十歲再度轉職時，我告訴自己，如果沒做到令自己滿意的成績，並且還負債的話，就回去幫人做造型化妝賺錢。幸好，兩次轉職都成功，沒能用到停損點。

談戀愛時，我的停損點是「劈腿了就分手」，也還算挺乾脆的，都有做到，不管是對方劈腿，還是我劈腿。

結婚時，我的停損點是「發現個性不合或外遇出軌就分手」，迄今還沒用上。

停損，是一種風險控制的手段，目的就是讓自己不要賠那麼多。

決定試管時，我和某人預設過停損點，除了年齡極限之外，還要看每次的結果來判斷，如果在滿五十歲之前，每一次的結果都有進步，就可以持續進行下去（投入時間與金錢）。目前只剩下不到兩年的時間，可努力的空間其實不多了，但因為每次都有一點點進步，所以我也還沒放棄。

曾經在網路上看過一篇文，是決定放棄試管的女孩想為自己留下一個記錄所寫。她放棄的原因是覺得自己身體素質不錯，既沒有被判定輸卵管不通，子宮也沒有肌瘤，血液檢查報告正常，沒有免疫系統的毛病，年齡在三十上下也不是太老，卻做了好多次都沒有成功上岸，加上她為此花費了很多時間金錢，也有點扛不住，她沒有再繼續下去的理由，於是放棄。

有很多人在底下留言勸她不要放棄，甚至搬出「寶寶在路上，妳如果走了，他會找不到媽媽」的說詞來安慰她，我卻覺得，這姑娘有自己的底線其實很不錯，她真的還很年輕，沒有必要把全副心思都撲在這件事情上，而且我知道，她肯定是努力過的。

也有人以自身的經驗安慰她，說自己的身體情況比她糟糕很多，有一側卵巢早衰，另一側輸卵管不通，結果也成功了，大家都覺得是奇蹟。這種「我情況比妳更糟但還是成功」的留言有很多，雖然是好心鼓勵，但也讓人看了不免有往反方向想的可能。

試管這條路，既然停損點是自己設的，就不要跟別人比較，永遠要以自己所能承受的為主，因為每個人能負荷的壓力不同，所以我從不隨便勸人繼續，我也不讓其他人左右我的決定。

朋友在移植最後一顆囊胚時跟我說：「如果這一次沒有著床，就是最後一次了，醫生也勸我不要抱太大希望。之後我跟老公會養條狗，繼續我們的生活。」

這是她的停損點，連要養條狗都已經想好了。結果這顆連醫生都不看好的囊胚卻在她的子宮成功著床，讓她喜出望外。夫妻倆人為了孩子，開始計畫從生活了十多年的北京搬回台北生活。離開前，我們吃了一頓飯，我摸著她約莫五六個月的肚子，感受到滿滿的幸福。

原本以為這樣的幸福會一直持續下去，兩個月後卻收到她早產的訊息，因為胎兒的頭還沒有轉向，出來時擠壓到了腦部造成嚴重損傷，最後被判定腦癱。

那是疫情剛爆發的二〇二〇年初，我去台大兒童醫院探望她和孩子，兩個人見面抱在一起哭，淚水始終沒有停過。她沒有預想過這個結果，整個人從天堂摔落至地獄，粉身碎骨。這也許是所有做試管的媽媽們最殘酷的結局，放在任何人身上都會崩潰。

如今，這孩子五歲了，是個漂亮的孩子。他們夫妻也走過了最黑暗的時期，接受了自己的小孩是特殊兒，自己是特殊兒父母，建立了新的生活方式，也有了新的人際關係。這個停損點之外的意外，讓他們的人生被迫翻轉了一百八十度，她說，也許是上帝所賜的人生功課，是她和這個孩子註定要走的一段路。他們把孩子取名叫做「予光」，人生中的一道光。

他們讓我知道，即使做了風險管理，人生還是有很多突如其來的意外，這個意外是會擊潰我們？還是讓我們更堅強？始終取決於你有沒有看到意外之外的希望。

我告訴自己，無論生命最終以何種姿態交到我手上，我都要努力從中看到光。

／凱特謎之音／

人生之路，未完待續，
我們都有自己的課題。

'05~'06シーズン
580cm

好友 Bianca 一家三口，懷中抱著「予光」。

這對特殊兒父母刷新了我對生命的看法，

也重新定義了「活在當下」這道題，

給了我勇氣與力量。

再不容易，都有意義

從生活到生育，關於女人的生存邏輯

作　　者─凱特王
主　　編─林巧涵
責任企劃─謝儀方
美術設計─高郁雯
版面構成─點點設計・楊雅期
書名手寫字─莊仲豪 IG @ zeno.handwriting

總 編 輯─梁芳春
董 事 長─趙政岷
出 版 者─時報文化出版企業股份有限公司
108019 台北市和平西路三段 240 號 7 樓
發行專線─（02）2306-6842
讀者服務專線─0800-231-705、（02）2304-7103
讀者服務傳真─（02）2304-6858
郵撥─19344724 時報文化出版公司
信箱─10899 臺北華江橋郵局第 99 信箱
時報悅讀網─http://www.readingtimes.com.tw
電子郵件信箱─books@readingtimes.com.tw
法律顧問─理律法律事務所　陳長文律師、李念祖律師
印　　刷─華展印刷有限公司
初版一刷─2024 年 6 月 14 日
初版二刷─2024 年 7 月 16 日
定　　價─新台幣 420 元

ISBN 978-626-396-362-7 ｜ Printed in Taiwan ｜ All right reserved.

時報文化出版公司成立於一九七五年，並於一九九九年股票上櫃公開發行，
於二〇〇八年脫離中時集團非屬旺中，以「尊重智慧與創意的文化事業」為信念。

再不容易，都有意義：從生活到生育，關於女人的生存邏輯 / 凱特王作.
初版. -- 臺北市：時報文化出版企業股份有限公司，2024.06
ISBN 978-626-396-362-7(平裝)
1.CST: 女性 2.CST: 生育 3.CST: 自我實現
544.5　1131007435

PURE MUSC
narciso rodriguez
for her
PURE MUSC
narciso rodriguez
for her

臨櫃兌換

narciso rodriguez

優雅體驗 — NARCISO 品牌針管香氛

（款式依櫃上實際為主）

※ 兌換地點：

納西索指定櫃點－【台北】新光三越信義店 A11 館 2 樓、誠品南西店 1 樓、【新北】誠品新店裕隆城 1 樓、【台中】Sogo 廣三 1 樓、中友 C 棟 2 樓、【高雄】漢神巨蛋 3 樓。

※ 兌換方式：

掃描右方 QRcode 加入品牌 LINE 官方好友，於官方帳號聊天室輸入【katelovenarciso】即可獲得兌換券。兌換時請持本頁及手機畫面至上述櫃點，並視各櫃點存量為主，若有不足請轉往其他櫃點或待櫃點補貨，數量有限，兌完為止。一人限定兌換乙次。

※ 納西索保有活動解釋與調整內容物之權利。

回函抽獎

呵護自己首選！遵循傳統工序，全雞精滴煉而成，全家人的營養安心選擇。

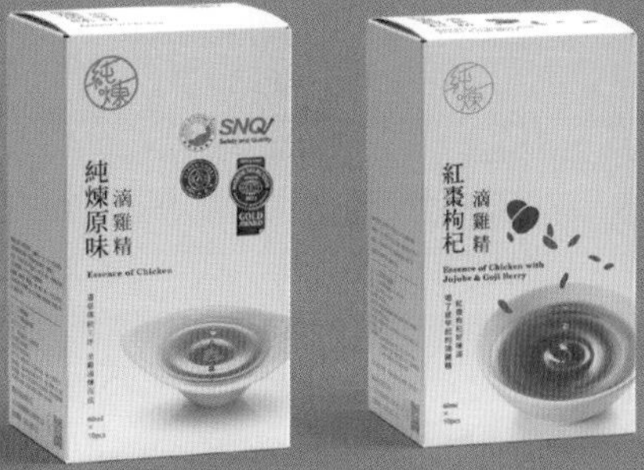

※ 抽獎品項：

「純煉」原味滴雞精 10 入與紅棗枸杞滴雞精 10 入，兩盒一組，限量 20 名。市價 2660 元。（經高溫高壓滅菌，無防腐劑、可常溫保存）

※ 活動辦法：

請填妥下方個人資料後依虛線剪下，並於 2024/9/18 前寄回「108 台北市和平西路三段 240 號 7 樓小時光線收」，即有機會參加抽獎。

《再不容易，都有意義》凱特王新書回函抽獎

姓　　名：________________

電　　話：________________

電子郵件：________________

收件地址：□□□________________

- 活動得獎名單將於 2024/9/26 前抽出，以電子郵件通知，並公布於「Slice Today 小時光」FB 粉絲頁。
- 請務必整齊工整填寫以上資訊，以利通知與寄送。